L'ARETIN

D E

A. CARRACHE.

L'ARÉTIN

D'AUGUSTIN CARRACHE,

OU

RECUEIL

DE POSTURES ÉROTIQUES,

D'après les Gravures à l'eau-forte par cet Artiste
célèbre,

Avec le Texte explicatif des Sujets.

A LA NOUVELLE CYTHERE.

PRÉFACE.

Avant de parler aux amateurs de l'ouvrage que nous leur présentons, nous allons donner une notice de la vie des deux hommes célèbres dont les noms se trouvent sur le frontispice ; l'Arétin et A. Carrache.

Pierre Arétin, fils bâtard de Louis Bacci, gentilhomme d'Arezzo, naquit vers l'an 1492. Il fit l'essai de son talent poëtique par un sonnet contre les indulgences; il s'attaqua ensuite aux rois, et les outragea avec une hardiesse si brutale, qu'il fut appelé le fléau des princes.

Il falloit que les souverains de son temps fussent bien haïs et bien méprisables, puisque l'on décerna le titre de divin au poëte qui les traitoit avec si peu de ménagement. On frappa pour lui une médaille où son buste étoit gravé d'un côté avec ces mots : *Il divino Aretino ;* et de l'autre, on le voyoit sur un trône, recevant les envoyés des princes : mais ce qui assure pour toujours ce titre glorieux à l'Arétin, c'est cette même épithète que lui donna l'Arioste dans son immortel poëme, où en parlant de tous les personnages qu'il imagine voir se réjouir du succès et de la fin de son ouvrage, il s'écrie :

> *Ecce il flagello*
> *Dei principi, il divin Pietro Aretino.*

(Ariost. Cant. 46. Oct. 14.)

L'Arétin étoit d'une impudence envers les souverains,

au-delà de toute expression. Il répondit à un trésorier de la cour de France, qui venoit de lui payer une gratification : « Ne soyez pas surpris si je garde le silence ; » j'ai usé mes forces à demander, il ne m'en reste plus » pour remercier. »

On conte que ce poëte satyrique se mit si fort à rire, entendant des discours comiques et obscènes, qu'il renversa la chaise sur laquelle il étoit assis , et qu'en tombant, il se blessa à la tête, et mourut sur l'heure, à Venise, en 1556, âgé de 66 ans. On fit pour lui l'épitaphe suivante, qui n'a jamais été placée sur son tombeau.

> *Condit Aretini cineres lapis iste sepultos ,*
>   *Mortales atro qui sale perfricuit.*
> *Intactus deus est illi, causamque rogatus ;*
>   *Hanc dedit: ille , inquit, non mihi notus erat.*

Nous ne ferons ici mention que des ouvrages luxurieux de l'Arétin.

1°. *Capricciosi e piacevoli Ragionamenti* , en forme de dialogues entre Nanna et Antonia , dans lesquels il raconte les intrigues amoureuses et les aventures lubriques des religieuses, des femmes mariées, et des courtisanes.

2°. *Il piacevol Ragionamento nel quale Zoppino Frate , e Ludovico Puttaniere trattano de la vita e de la genealogia di tutte le cortigiane di Roma.*

3°. *Commento di Ser Agresto da Ficaruola sopra la prima ficata del Padre Siceo, con la diceria de Nasi, o sia commento delle fiche.*

Ces trois ouvrages sont imprimés dans le même volume ;
et dans la meilleure édition , qui est de 1660 , on y a joint
la Putana errante , faussement attribuée à l'Arétin. Cet
écrivain l'a désavouée dans son *Capitolo* au duc de
Mantoue , et en a nommé le véritable auteur , qui
est *le Veniero* , son élève.

4°. *Dubbii amorosi ed altri Dubbii.* — Pour donner
une idée de ces questions ; nous allons en citer une ,
prise au hasard.

D u b b i o.

Per torsi il mal di madre , suor Prudenza ,
Che l'impedia sue sante orazioni ,
Si fè chiavar da due Frati Ghiotoni.
Meritava di ciò far Penitenza ?

R i s o l u t i o n e.

Se sol per poter dir le sue orazioni ,
Ben ben si fece fotter suor Prudenza ;
Di ciò non devrà far penitenza ,
Che niuna se ne dà alle divozioni.

5°. *Sonetti lussuriosi* di *Pietro Aretino.*

Ce fut environ vers l'an 1525 que Jules-Romain composa les dessins des postures érotiques qui furent gravés
par Marc-Antoine , et pour lesquels l'Arétin composa
ses sonnets fameux. Dans la dédicace que ce poëte en
fit , en 1537 , à Battista Zatti , il n'en compte que 16 ;
mais la collection qu'on en a faite depuis, en contient
26. Nous en rapporterons un , pour faire connoître le
style de ces pièces de poësie.

PRÉFACE.

SONETTO.

Sta cheto Vecchio mio, stà via, pùr stà.
Spingi, Maestro mio, spingi che v'e;
Dammi la dolce lingua; io muoro, ohimè.
Il tuo gran Cazzo all'anima mi và.

* Signora, adesso, adesso vi entrerà;*
Calcate voi la terra con un piè;
E sara un bon servizio, per mia fè.
Che hora compiremo, deh via fà.

* Io son contento, io calco, io meno, io fò;*
Calca, mena, faticati, ancor tù.;
Mammina a posta vostra compirò.

* Non far, fermati, aspetta un poco più;*
Che tal dolcezza in questo fotter hò
Che io non vorrei che ne finisse più.

* Horsù, madonna, horsù,*
Fate, di gratia, ancora voi così
Io faccio; e tu non fai, signora? Si.

AUGUSTIN CARRACHE naquit à Bologne, en 1560, et suivit, comme son frère, la profession de la peinture. Ces deux artistes célèbres ne purent jamais bien vivre ensemble, ni séparément. La jalousie les éloignoit l'un de l'autre; le sang et l'habitude les réunissoit. Annibal étoit plus grand peintre, mais Augustin partagea son temps entre les arts et les lettres. Il étoit poëte et bel esprit : il aimoit à parler de son art, et il en raisonnoit très-bien; ce qui impatientoit souvent son frère, qui avoit moins

de

de savoir, mais plus de génie, et c'est ce que nous apprend une lettre d'Annibal, écrite à Louis Carrache son
cousin, où il lui parle des impressions que les ouvrages
du Corrège avoient faites sur son ame. « Tout ce que je
» vois ici me confond. Quelle vérité! quel coloris! quelle
» carnation! les beaux enfans! ils vivent, ils respirent:
» ils rient avec tant de grâce et de vérité, qu'il faut
» absolument rire avec eux. J'écris à mon frère, pour
» l'engager à venir me trouver: ah! qu'il vienne, et qu'il
» ne me rompe plus la tête de ses beaux discours et de
» ses dissertations éternelles. Au lieu de perdre le temps
» à nous disputer, ne songeons qu'à saisir la belle ma-
» nière du Corrège; c'est le seul moyen d'humilier nos
» rivaux. » C'est ainsi que les artistes devroient toujours
parler de leurs émules; ils vivroient tous plus heureux,
et les arts ne pourroient qu'y gagner.

Nous ne nous étendrons pas beaucoup sur le talent
d'Augustin Carrache, en peinture; nous nous bornerons
à dire que son habileté dans le dessin lui faisoit
souvent réformer les défauts des tableaux qu'il copioit:
ce qui reste de lui, est d'une touche libre et spirituelle,
sans manquer de correction. Ses figures sont belles et
nobles; mais ses têtes sont moins fières que celles d'Annibal et moins gracieuses que celles de Louis.

A. Carrache s'occupa aussi de la gravure. On a de lui
plusieurs estampes au burin, très-agréablement et très-
correctement gravées, d'après le Corrège, le Tintoret et
d'autres grands peintres. Il s'amusa souvent à faire des
eaux fortes, pour rendre ses premières idées et les détails
de ses compositions. Ce célèbre artiste mourut à Parme,

âgé de 45 ans, bien digne de la réputation qu'il partage avec son frère et son cousin, et justement regardé comme un des chefs de l'école Bolonoise, qui porte leur nom.

------◆◄------

L ES gravures de A. Carrache représentant les postures érotiques, étoient devenues si rares, que bien des personnes doutoient de leur existence. C'est une circonstance extraordinaire qui les a fait tomber en nos mains. Un officier français de l'armée d'Italie, à son entrée à Venise, fut assez heureux que de pouvoir rendre quelques services à la femme d'un sénateur. Cette dame lui témoigna sa reconnoissance de plus d'une manière; et entre autres cadeaux, lui donna cette collection, précieuse sous tous les rapports. Arrivé en France, il nous a confié cette œuvre, et secondés de plusieurs artistes, nous nous sommes empressés de la faire connoître au public, qui nous saura gré de lui avoir procuré cette jouissance.

On ne peut récuser l'authenticité de ces gravures; le style de l'auteur se reconnoît à chaque sujet. Outre la signature de l'impression à Venise, l'octave insérée dans le cartouche du frontispice ne laisse aucun doute qu'elle n'ait été composée par A. Carrache, qui faisoit quelquefois des vers. C'est ainsi qu'elle est conçue :

Queste dell'Aretin son le posture
Qual per capriccio, o per sua fantasia,
Ad ogni donna egli voleva pria
Ch'altro far, vedergli le nature;
E con le braccia poi se gli paria
Ben strette, le prendea nelle cinture

E'l cotal gli metteva nelle potte
Per stamparvi de cazzi molte flotte.
    A. CARRACI.   *F. venetia.*

Nous avons essayé de traduire ces vers, en mettant plus de décence dans les expressions.

> Voici, lecteur, mainte posture
> De l'Arétin libidineux,
> Qui des femmes d'abord mesuroit la nature,
> Avant que d'en venir au plaisir amoureux;
> Puis, les bras enlacés autour de leur ceinture,
> Il se livroit entier à ses ébats joyeux,
> Pour vous offrir la fidéle peinture
> Des Priapes nombreux.

Carrache, doué de génie, connoissant parfaitement l'anatomie du corps humain, formé sur les grands modèles de l'école romaine, voulut, à l'exemple de Jules-Romain, exercer son talent sur les attitudes qui donnent le plus de développement aux facultés physiques de l'homme. C'est dans l'acte de la génération qu'elles se manifestent avec une noble vigueur. Tous les membres coopèrent à cette œuvre merveilleuse. Les nerfs sont en contraction, les muscles agissent de concert, la physionomie s'anime, les yeux étincellent, la bouche s'entrouvre et laisse échapper des soupirs brúlans; ils annoncent l'extase qui va bientôt saisir les individus réunis qui se communiquent leurs ames, et semblent vouloir les confondre dans les transports les plus voluptueux. Si la nature est imposante dans ses grands mouvemens, l'homme est sublime dans l'explosion des passions qui le dominent. C'est alors qu'il participe le plus de la divinité dont il tient cette portion de souffle immortel qui l'anime, et cette finesse de sensations qui le met si fort au-dessus des autres créatures.

Ce sont sans doute ces beautés étonnantes qui ont inspiré Carrache ; et dans la variété de ses attitudes, l'on reconnoît cette science profonde du dessin et cette énergie de contours qui caractérisent l'école de cet habile artiste. Si l'on peut lui faire un reproche, c'est de n'avoir pas mis assez de gracieux dans les figures, et d'avoir préféré l'expression de la vigueur à celle du charme et de l'agrément.

Pour donner plus d'intérêt à ses compositions, Carrache a nommé les personnages qu'il a mis en scène ; et dans les gravures qu'il n'a pas intitulées, il a placé des attributs et des accessoires qui nous ont servi à les désigner.

Nous croyons devoir expliquer les motifs qui nous ont engagé à faire terminer au burin les estampes qui ne sont qu'à l'eau forte dans les originaux ; c'est que nous avons senti toute la difficulté de rendre avec justesse et chaleur les ouvrages du maître. On peut les regarder comme des dessins ou plutôt des croquis : ils réunissent le feu de l'invention, le génie de la composition et le hardi de l'exécution ; mais aucun artiste ne sauroit copier, ni imiter parfaitement ce premier jet de la pensée ; au lieu qu'en ajoutant au piquant de l'original la délicatesse du burin pour les chairs, le fini des détails,

le

le suave de l'harmonie dans la composition entière,
nous avons cru pouvoir satisfaire en même temps le
véritable connoisseur, qui retrouvera Carrache dans les
attitudes et les contours ; et l'amateur moins exercé, qui
verra plus d'accord, de douceur et de finesse dans la
manière dont les divers artistes chargés de la gravure,
ont rendu l'ensemble de ces sujets galans.

En parcourant une galerie de tableaux, le spectateur
est bien aise de connoître la vie des personnages dont
il considère les portraits ou les actions ; c'est ce qui
nous a déterminés à joindre un texte explicatif de chaque
estampe. Mais nous n'avons regardé nos héros que sous
l'aspect de soldats de Vénus, et conservé de leur histoire
que les exploits amoureux et galans, qui méritent les
éloges et l'admiration de la postérité. Pour varier les
récits, nous avons emprunté des citations des plus célèbres poëtes érotiques. Nous avons ainsi fait concourir
les muses et les arts à présenter à l'amour et à sa mère
une offrande convenable à leurs caractères, et digne
de cette puissance ineffable qui, par les plaisirs et la
volupté, régénère et perpétue la chaîne immense des
êtres disséminés dans l'univers.

Usus opus movet hoc : vati parete perito.
Vera canam : cœptis, mater amoris, ades.
Este procul vittœ tenues, insigne pudoris ;
Quœque tegis medios, instita longa, pedes.
Nos venerem tutam, concessaque furta, canemus :
In que meo nullum carmine crimen erit.

(OVIDE. Art. am. lib. 1.)

c

PRÉFACE.

Si la vue des sujets de cette collection , et l'excessive valeur des héros en lutte amoureuse , qui y sont représentés , pouvoient humilier l'amour-propre de quelque galant moderne, ou rendre plus exigeante quelque vraie dévote au culte de Vénus , pour encourager l'un et corriger l'autre , nous leur dirons tout simplement :

L'antiquité ment un peu, comme on sait:
Il faut plutôt l'admirer que la croire.
Ouvre les yeux, vois l'homme, et ce qu'il est,
De ce qu'il fut te donnera l'histoire.

(PARNY.)

TABLE.

E R R A T A.

Page   3, lig. 26 ,   *generato amore sociatis* , lisez : *sociasti.*
     11,   17 ,   *fosse* , lisez : *forse.*
     id ,   18 ,   *Enea et Dido* , lisez : *Enea e Dido.*
     13,   17 ,   ce qui les rendoient , lisez : les rendoit.
     33,   19 ,   la plus belle , lisez : la plus jolie.
     34,   7 ,   *superbos* , lisez : *superbo.*
     35,   9 ,   pour en avoir , lisez : par en avoir.
     41,   6 ,   qu'il a désigné, lisez : désignée.
     44,   11,   *condelissima* , lisez *crudelissima.*
     id,   25 ,   *de non flagrorum* , lisez : *de usu flagrorum.*
     49,   25 ,   directement , lisez : diversement.
     52,   4 ,   que Flore lui indiqua pour Vulcain , *lisez* : que Flore lui
                   indiqua. Pour Vulcain ,

N°. Iᵉʳ.

VÉNUS GÉNITRICE.

VÉNUS GENITRICE.

L'IMAGINATION brillante des Grecs avoit divinisé toutes les puissances de la Nature. En empruntant des Asiatiques et des Egyptiens tous les Cultes, ils n'oublièrent pas celui de Vénus, que les Orientaux regardoient comme la Mère de la Nature. Ces peuples, accoutumés à tout allégoriser, représentoient, sous l'emblême de cette Déesse, la force vivifiante, et la cause universelle.

Il n'est pas étonnant que A. Carrache, qui avoit beaucoup d'esprit et d'érudition, ait mis à la tête de son Recueil la figure de Vénus dans un char traîné par des colombes, et dominant le Monde, sur lequel elle répand sa puissante et bénigne influence. Cette dédicace est à l'exemple de la sublime invocation que Lucrèce fait à cette Déesse, au commencement de son Poëme

AEneadum Genitrix, hominum divumque voluptas
Alma Venus, cœli subter labentia signa ;
Quæ mare navigerum, quæ terras frugiferentes,
Concelebras ; per te quoniam genus omne animantum
Concipitur, visitque exortum lumina solis :
Te, Dea, te fugiunt venti, te nubila cœli,
Adventumque tuum : tibi suaves dædala tellus
Submittit flores ; tibi rident æquora ponti,

Placatumque nitet diffuso lumine cœlum.

Nam simul ac species patefacta est verna diei ,
Et reserata viget genitabilis aura favoni ;
Aëriæ primum volucres te , Diva , tuumque
Significant initum , percussæ corda tua vi :
Inde feræ pecudes , persultant pabula læta ,
Et rapidos tranant amnes : ita capta lepore
Illecebrisque tuis , omnis natura animantum
Te sequitur cupidè , quò quamque inducere pergis ;
Denique per maria ac montes fluviosque rapaces
Frondiferasque domos avium camposque virentes ,
Omnibus incutiens blandum per pectora amorem
Efficis ut cupidè generatim sæcla propagent.

Quæ quoniam rerum naturam sola gubernas ,
Nec sine te quidquam dias in luminis oras ,
Exoritur neque fit lætum nec amabile quidquam ;
Te sociam studeo scribundis versibus esse , etc. etc.

Le poëte Hénault a traduit ces beaux vers ; mais nous préférons de mettre sous les yeux de nos lecteurs la charmante imitation qu'en a faite Voltaire, dans son poëme de la Pucelle.

O volupté , mère de la nature ,
Belle Vénus, seule Divinité
Que dans la Grèce adoroit Epicure ;
Qui du chaos chassant la nuit obscure ,
Donnes la vie et la fécondité ,
Le sentiment et la félicité
A cette foule innombrable , agissante
D'êtres mortels à ta voix renaissante ;

Toi que l'on peint désarmant dans tes bras
Le Dieu du Ciel et le Dieu de la Guerre,
Qui d'un sourire écartes le tonnerre,
Calmes les flots, fais naitre sous tes pas
Tous les plaisirs qui consolent la terre:
Tendre Vénus, je t'invoque, ... etc. etc.

Les Romains adorèrent cette Déesse sous le nom de *Vénus Genitrix*, et César lui fit élever un temple, l'an 708 de Rome; il le consacra par toutes sortes de jeux.

Cicéron fait mention de quatre Vénus différentes. La première, dit-il, étoit fille du Ciel et du Jour; la seconde naquit de l'écume de la mer, ayant été conçue dans une nacre de perle, et portée en l'île de Chypre par les Zéphyrs. Ce fut elle qui eut Cupidon de Mercure. La troisieme étoit fille de Jupiter et de Dyone, qui fut mariée à Vulcain; et la quatrième est la Sirienne, autrement dite *Astarté*, qui épousa Adonis. On croit que cette dernière étoit la déesse des Sidoniens, à qui l'écriture dit que Salomon dressa des autels, pour plaire à ses concubines. De toutes ces Vénus, les poëtes ne parlent que de la seconde, et lui attribuent toutes les actions des autres; mais la première étoit plus connue sous le nom de *Vénus Uranie* ou *Céleste*; c'est elle, selon Cicéron, qui unit les deux sexes, dès l'origine du monde, et perpétua ainsi la race humaine : *cælestis Venus quæ primis rerum exordiis sexuum diversitatem generato amore sociatis et eterna sobole, humano genere propagato, nunc..... coleris, etc. etc.*

Ce sont ordinairement des colombes ou des moineaux qui sont attelés au char de Vénus : mais une pierre gravée antique nous le représente traîné par des coqs. Cet emblème ne voudroit-il pas signifier que les coqs étant en amour plus valeureux et moins fidèles que les pigeons, Vénus préfère quelquefois la vigueur à la fidélité?

Le *Pervigilium Veneris* attribué à Catulle, n'est autre chose qu'un hymne à Vénus Genitrice, que l'on devoit chanter dans le temple de cette Déesse à chaque renouvellement du printemps. C'étoit une invitation à l'Amour, au moment où tous les êtres paroissent prendre une nouvelle existence.

Cras amet qui nunquam amavit
Quique amavit cras amet.

Ipsa Venus atque mentem
Permeante spiritu
Intus occultis gubernat
Procreatrix viribus.
Perque cœlum, perque terras,
Perque pontum subditum
Pervium sui tenorem
Seminali tramite
Imbuit, jussitque mundum
Nosce nascendi vias.

Cras amet qui nunquam amavit
Quique amavit, cras amet.

N°. II.

PARIS ET ŒNONE.

PARIS et ŒNONE.

P ARIS étoit un des fils de Priam, roi de Troye. Sa
mère, Hécube, étant enceinte de lui, eut un songe
effroyable : elle s'imagina porter dans son sein un flam-
beau qui devoit embrâser tout le royaume des Troyens.
Les Devins consultés, répondirent que cette princesse
mettroit au monde un fils qui causeroit la désolation de
sa patrie. D'après cette prédiction, l'enfant nouveau-né
fut exposé sur le mont Ida. Des bergers en prirent soin,
et lui donnèrent le nom d'Alexandre. Dans son adoles-
cence, il se fit distinguer de ses compagnons par son
esprit et son adresse, et il fut aimé d'une nymphe de
ces contrées qui se nommoit Œnone, fille du fleuve Ce-
brenus en Phrygie. Elle joignoit à une extrême beauté
l'art de prédire l'avenir et de connoître la vertu des
plantes. C'étoit Apollon qui lui avoit fait ce don, en reconnoissance des services qu'elle lui avoit rendus. Pâris,
berger sur le mont Ida, devint amoureux d'elle : il fut
heureux, et il y a toute apparence qu'il prit d'elle des leçons de plus d'un genre. Ce fut vers ce temps-là qu'il
fut choisi pour juge des trois déesses, et qu'il donna la
pomme à Vénus.

Revenu depuis à Troye, à l'occasion des jeux funèbres

qui devoient s'y célébrer, il fut reconnu par sa mère, et il resta à la cour de Priam. Jeune, aimable, bien fait, et connoissant tous les moyens de plaire qu'il avoit appris de Vénus et d'Œnone, il n'est pas surprenant qu'il fît tourner la tête à toutes les femmes de la cour. Il est le premier homme à bonne fortune dont l'histoire fasse mention.

Parmi ses fils, sur le troyen rivage,
Le bon Priam, père de ses sujets,
Voyoit Pâris charmant, jeune, volage,
Couler ses jours dans le sein de la paix,
Les dépenser en amoureux projets,
Et se livrer aux erreurs du bel âge.
Par ses talens, il ornoit la beauté;
De Terpsicore il avoit la souplesse,
D'un pied liant glissoit avec mollesse,
Ou voltigeoit avec légèreté.
Souvent Echo se plaisoit à redire
De ses chansons le tour harmonieux,
Et sous ses doigts il animoit sa lyre,
Qui soupiroit des sons voluptueux.
Toujours heureux et toujours infidelle,
On le voyoit voler de belle en belle.
Impétueux et tendre tour-à-tour,
Il enchaînoit la prude, la coquette;
Insecte ailé, papillon de toilette,
Il possédoit la chronique du jour,
Savoit à fond la mode et l'étiquette;
Vif, enjoué, fertile en jolis riens,

Jamais savant; craignant de le paroître ;
Bref, il étoit à la cour des Troyens
Ce qu'on appelle en France un petit-maître.   (*Imbert.*)

Malgré ses infidélités, il paroît qu'OEnone l'aima toujours, et s'intéressa beaucoup à lui ; car, à son départ pour la Grèce , elle lui prédit tous les malheurs qui devoient arriver , et lui annonça même qu'il seroit blessé à mort, et qu'il se souviendroit alors de la malheureuse OEnone. L'amour des voyages, le goût des bonnes fortunes, et mille autres raisons l'emportèrent. Pâris partit, et finit par enlever Hélène : tout le monde sait ce qu'il en arriva. Mais revenons à nos jeunes amans habitans les bosquets du Mont Ida. C'est là qu'ils jouissoient en paix de tout le charme de leur tendresse mutuelle. Simple berger , mais aimé de la fille d'un Fleuve respecté , il tenoit d'elle sa grandeur, sa gloire, ses plaisirs ; aussi quand il s'éloigna, OEnone abandonnée ne manqua pas de lui rappeler ces momens heureux.

Non dum tantus eras , cum te contenta marito ,
  Edita de magno flumine nympha fui ,
Qui nunc Priamides (adsit reverentia vero)
  Servus eras : servo nubere nympha tuli.
Sæpe greges inter requievimus arbore tecti ;
  Mixtaque cum foliis præbuit herba torum.
Sæpe super stramen , fœno que jacentibus alto
  Defensa est humili cana pruina casá.   (Ovide.)

L'artiste a représenté nos deux amans qui se livrent aux plaisirs amoureux, dans l'humble cabane du berger, au lever du soleil.

> Dans ces momens où la main bienfaisante
> Du doux sommeil laisse nos yeux ouverts ;
> Quand les oiseaux reprennent leurs concerts ;
> Qu'on sent en soi sa vigueur renaissante ;
> Que les désirs, pères des voluptés,
> Sont par les sens dans notre ame excités.   (*Voltaire.*)

Carrache leur a donné la posture la plus naturelle ; c'est celle qui flatte le plus de sens au moment de la jouissance, et qui met à l'aise toutes les facultés. Elle se trouve parfaitement décrite par cette stance de l'Arioste :

> *Non così strettamente edera preme*
> *Pianta , ove incontro abbarbicata s'abbia ;*
> *Come si stringon li dui amanti insieme*
> *Cogliendo , dello spirto in sù le labbia*
> *Soave fior , qual non produce seme*
> *Indo ve Sabeo , nell'odorata sabbia.*
> *Del gran piacer ch'avean lor dicer tocca.*
> *Che spesso avean più d'una lingua in bocca.*

N°. III.

ANGELIQUE ET MEDOR.

ANGÉLIQUE ET MÉDOR.

Angélique étoit fille de Galafron, grand Khan de Catay, dans l'Inde : elle étoit si belle, que tous les princes de l'Orient et les paladins chrétiens ne pouvoient, en la voyant, résister à ses charmes, et briguoient l'avantage d'obtenir son cœur et sa main. Le fameux Roland étoit son adorateur le plus déterminé. Il l'avoit suivie dans l'Inde, la Médie, la Tartarie, et par-tout il avoit laissé des trophées en l'honneur de sa dame. Arrivé en France avec elle, au camp de Charlemagne, il eut pour rival son cousin Renaud ; et l'empereur, pour éviter une rixe, chargea le duc de Bavière de la garde de la princesse : elle s'échappa. Toujours indifférente et insensible, aucun de ses poursuivans n'avoit pu lui inspirer un tendre sentiment. Mais l'amour ne perd jamais ses droits, et tôt ou tard on doit éprouver sa puissance. Angélique rencontre par hasard un jeune Maure qui venoit d'être blessé d'un coup de lance, et qui, baigné dans son sang, se soutenoit à peine. Emue de compassion, elle s'approche de lui, le fait monter à cheval, le conduit dans la demeure d'un berger, et lui prodigue les soins et les secours que lui suggère sa connoissance dans l'art d'employer le suc des plantes. Ce jeune homme se nommoit Médor :

3

. . . . avea la guancia colorita
E bianca , e grata nell'eta novella ;
E fra la gente a quella impresa uscita
Non era faccia piu gioconda e bella.
Occhi avea neri , e chioma crespa d'oro ;
Angel parea di quei del sommo coro.

aussi la belle Angélique ne put résister à ses attraits puissans. Elle guérit Médor de sa blessure ; mais l'amour en fit une à son cœur, qui devint incurable. Médor ignora long-temps le nom et le rang de sa bienfaitrice ; et quoiqu'il ressentît pour elle des sentimens plus vifs que ceux de la reconnoissance, le respect arrêtoit l'élan de sa passion. Ce ne fut qu'après qu'Angélique eut proféré ces paroles encourageantes :

. . . . Il n'est plus temps
Que nous craignions tous deux de nous en trop apprendre.
Nous n'en disons que trop , Médor ; je vous entends ,
    Et je vous permets de m'entendre.   (*Quinault.*)

qu'il put se livrer à toute l'expression de son bonheur. Dès ce moment, les deux amans vécurent dans l'intimité la plus parfaite ; l'amour égale tout.

Angelica a Medor la prima rosa
Coglier lasciò non ancor tocca innante ;
Nè persona fù mai si avventurosa,
Che'n quel giardin potesse por le piante.
Per adombrar, per onestar la cosa ,

Si celebrò con ceremonie sante
Il matrimonio ch'auspice ebbe amore,
E pronuba la Moglie del pastore.

Fersi le nozze sotto all'umil tetto,
Le più solenni, che vi potean farsi.
E più d'un mese poi stero a diletto
I duo tranquilli amanti a ricrearsi
Piu lunge non vedea del giovinetto
La donna, ne di lui potea saziarsi.
Nè per mai sempre penderli dal collo
Il suo disir sentia di lui satollo.

Se stava all'ombra o se del tetto usciva
Avea dì e notte i bel giovine a lato.
Mattina e sera, or questa, or quella riva
Cercando andava, o qualche verde prato.
Nel mezzo giorno, un antro li copriva
Fosse non men di quel, comodo e grato
Ch'ebber fuggendo l'aque, Enea et Dido
Dè lor secreti testimonio fido.   (Ariosto, ch. 19.)

Roland, toujours à la poursuite d'Angélique, arrive dans ce séjour fortuné où les deux amans s'étoient livrés à toute l'ivresse de leur passion ; il lit les inscriptions gravées à l'entrée de la grotte et sur l'écorce des arbres. Il s'informe ; il apprend

Qu'en des lieux où Médor mouroit sans assistance,
   Angélique adressa ses pas ;
Elle sut se servir d'un art dont la puissance
   Garantit Médor du trépas.

D'un grand Empire elle est maîtresse ;
Elle est charmante ; elle avoit à son choix
    Cent des plus riches rois.
    Médor est sans biens, sans noblesse ;
Mais Médor est si beau qu'elle l'a préféré
A cent rois qui pour elle ont en vain soupiré.   (*Quinault.*)

A ces mots, la fureur du chevalier n'a plus de bornes ; il brise les inscriptions : il coupe, taille et renverse les rochers ; il déracine les arbres ; il bat, blesse et poursuit les bergers ; il commet enfin toutes les extravagances dont est capable un malheureux effréné qui a perdu le bon sens et la raison. Si ce terrible paladin eût vécu de nos jours, il eût su que dans ces occasions,

Le bruit est pour le fat, la plainte pour le sot :
L'honnête homme trompé s'éloigne, et ne dit mot ,

et il eût mis en pratique le sage conseil de Voltaire :

Si la maîtresse, objet de votre hommage,
Ne peut pour vous des mêmes feux brûler ;
Cherchez ailleurs un plus doux esclavage ;
On trouve assez de quoi se consoler ;
Ou bien, buvez, c'est un parti fort sage.

N°. IV.

LE SATYRE ET LA NIMPHE.

LE SATYRE et la NYMPHE.

Les Satyres étoient des Divinités champêtres qu'on représentoit comme des petits hommes très-velus, avec les cornes, les oreilles, la queue, les cuisses, les jambes et les pieds de chèvre. Quelques Mythologistes font naître les Satyres de Mercure et de la nymphe Iftime ; d'autres de Bacchus et de la naïade Nicea, que ce dieu enivra, en changeant en vin l'eau d'une fontaine où elle avoit coutume d'aller boire. Le poëte Nonnus prétend que, dans l'origine, les Satyres avoient la forme toute humaine. On leur avoit confié la garde de Bacchus ; mais comme ce Dieu, à la honte de ses gardiens, se transformoit tantôt en chevreuil, tantôt en jeune fille, Junon irritée de ses métamorphoses, donna aux Satyres les cornes et les pieds de chèvre.

Quoiqu'il en soit, on a toujours dépeint les Satyres comme des divinités dangereuses pour les nymphes et les bergères, et comme des voleurs de troupeaux, ce qui les rendoient redoutables à l'un et à l'autre sexe. Pour appaiser ces êtres malfaisans, que l'on regardoit néanmoins comme des Dieux, on leur offroit en sacrifices, les prémices des fruits et du bétail.

L'opinion la plus vraisemblable est que des bergers,

4

et même des prêtres se seront couverts de peaux de
bouc, et à la faveur de ce déguisement, seront parvenus
à violer quelques jeunes filles, ou à voler quelque mouton.
L'on aura cru que c'étoit une espèce d'homme extraordinaire, et par conséquent douée d'une puissance divine,
qu'il falloit se rendre propice par des offrandes.

On lit dans une ancienne histoire, que l'Amour voulut un jour persuader à sa mère de se livrer à un Satyre
pour lequel elle avoit une grande répugnance, et qui se
présenta d'un air bien persuasif et dans une belle con-
tenance. L'Amour, dans la pierre gravée qui rappelle
cette anecdote, est placé sur une roue qui semble avertir
que le temps roule fort vîte et qu'il est à propos d'en
profiter, sur-tout quand il s'agit d'une affaire de nuit,
temps auquel un Satyre vaut pour le moins un Adonis.

Au reste, plus d'une bergère qui, comme Corisca,
disoit d'abord à un Satyre :

> *O villano, indiscreto, ed importuno:*
> *Mezzu'omo, e mezzo capra, e tutto bestia :*
> *Carogna fracidissima, e difetto*
> *Di natura nefando ; se tu credi*
> *Che Corisca non t'ami, il vero credi.*
> *Che vuoi ch'amì in te ? quel tuo bel ceffo ?*
> *Quella succida barba ? quelle orecchie*
> *Caprigne ? e quella putrida, e bavosa*
> *Isdentata caverna ?*   (Pastor fido.)

a fini par surmonter son dégoût et reconnoître en lui des

qualités essentielles, qui méritoient quelque considération;
elle a même répondu aux reproches qu'on pouvoit lui en
faire comme Jeanne d'arc à Dorothée, et en soupirant :
Ah ! s'il t'avoit aimée !

Ceci rappelle le joli conte de Bernard.

> La cour de Pan vit un jeune Satyre ,
> Novice encor dans l'amoureux martyre :
> De ses ardeurs dévoré nuit et jour ,
> Impatient des premiers feux d'amour ;
> Sans trop d'éclat , le demi-dieu sauvage ,
> Joignoit la force aux grâces du bel âge.
> D'un front d'audace et d'un œil d'attentat ,
> Pronostiquant les mœurs de son état ,
> Il poursuivoit Dryades et Napées ,
> Ou sous l'écorce , ou sous l'onde échappées.
> Toutes fuyoient son aspect indécent.
> De sa laideur , lui-même rougissant ,
> Il crut un jour corriger la nature ,
> Et de roseaux se fit une ceinture.
> Mais quel espoir qu'un Faune se contînt ?
> Il n'est roseau ni feuillage qui tînt.
> Il ignoroit qu'à ses maux plus sensible ,
> La jeune Eglé n'étoit point invincible :
> Elle le vit , cet objet de terreur ,
> Et son maintien ne lui fit point horreur.
> Elle fuyoit ; mais Eglé , dans sa fuite ,
> Tournoit la tête ; Eglé fuyoit moins vite ;
> Le faune ardent pour revoir ses appas ,
> Ou devançoit ou suivoit tous ses pas.
> Errant un jour , dans sa fougue incertaine ;

Au fond d'un bois il vit une fontaine ,
Qu'on appeloit fontaine de beauté.
Toute laideur sur ce bord enchanté
Disparoissoit : dans sa douleur profonde ,
Il veut tenter le miracle de l'onde ;
Il entre : à peine il en touche le bord ,
Son pied de Faune y disparoît d'abord ,
Sa jambe après ; l'eau montant à mesure ,
De ses genoux passoit à la ceinture :
Ainsi croissoit le prodige des eaux.
Un cri sortit tout à coup des roseaux :
Demeure, attends, fuis cette onde funeste ,
Ah ! garde-toi d'embellir ce qui reste.
Charmant Satyre , hélas ! que deviens-tu ?
C'étoit Eglé qui, malgré sa vertu ,
Cédant alors à sa crainte ingénue ,
Entre ses bras s'élance demi-nue.
De ses conseils , Eglé reçut le prix ;
Sur ce bord même où le Satyre épris
Perdit la fleur qui causoit son martyre :
Eh ! quel trésor que la fleur d'un Satyre !

N°. V.

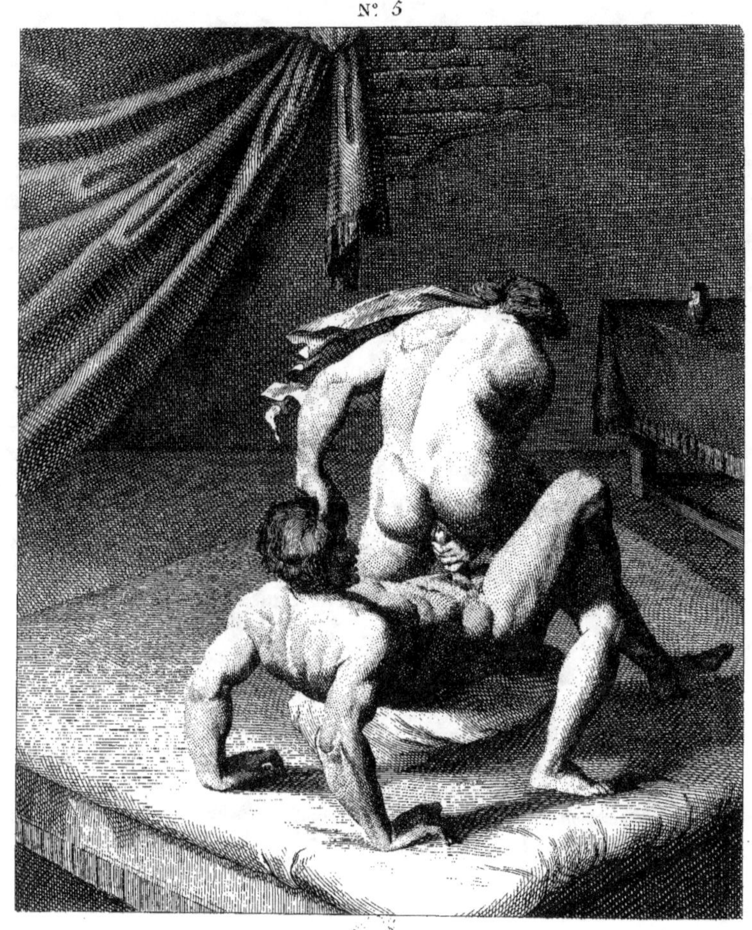

JULIE AVEC UN ATHLETE

JULIE ET UN ATHLETE.

PARMI les princesses romaines qui portèrent le nom de
Julie, la plus célèbre fut la fille d'Auguste, que cet empereur maria successivement à Marcellus, à Agripa, et à
Tibère. Son père l'aimoit éperdument. Elle le méritoit
par sa beauté, ses grâces, la légèreté et la délicatesse de
son esprit ; mais aussi libertine que belle, la multitude de
ses amans fut innombrable. Son mari Agripa étant vieux
et ne pouvant satisfaire ses désirs, elle s'en dédommageoit
en se livrant à tous les jeunes gens de Rome. « C'étoit
assez, disoit-elle, d'être fidèle à son époux tant qu'elle
n'étoit pas enceinte, et de ne pas lui donner d'enfant
étranger. » Après la mort d'Agripa, son mari Tibère qui
ne vouloit être ni témoin ni dénonciateur des débauches
de sa femme, quitta la cour. Mais Auguste instruit des
excès de sa fille, l'exila dans l'île Pandataire, sur la côte
de Campanie, et Tibère devenu empereur, l'y laissa
mourir de faim.

On a prétendu qu'Auguste avoit eu les faveurs de Julie,
et l'on forme cette conjecture d'après ces vers d'Ovide:

Cur aliquid vidi? cur noxia lumina feci?
Cur imprudenti cognita culpa mihi est.

Ce qui fait supposer que ce poëte avoit surpris l'empereur en flagrant délit avec sa fille. Il est certain que l'un
et l'autre étoient bien capables de cette infamie ; et il est
très-possible que César ait cherché à éloigner Ovide, qui,
en sa qualité de poëte, pouvoit devenir un témoin très-
susceptible d'indiscrétion, et qu'en conséquence il l'ait
envoyé en exil en Scithie.

On ne peut douter que Julie accoutumée au changement dans les objets de son amour, ne cherchât avec
eux tous les moyens de varier les plaisirs de la jouissance.
C'étoit vraisemblablement l'opinion de Carrache, qui l'a
représentée dans cette attitude lubrique. L'amant avec lequel elle s'escrime est supposé un athlète vigoureux, bien
capable de répondre aux provocations de l'héroïne, et
qui, non content des postures enseignées par les livres
d'Elephantis, en imaginoit de nouvelles pour contenter
les desirs effrénés de sa maîtresse.

Il paroît que les anciens connoissoient neuf attitudes
pour satisfaire les plaisirs amoureux, et l'on peut en juger
par ces vers :

> *Quales nec Didimæ sciunt puellæ*
> *Nec molles Elephantidos libelli,*
> *Sunt illic veneris, novem figuræ, etc.*

Ovide, ce grand maître dans l'art d'aimer et de jouir, ne
nous en enseigne même pas tant ; mais il en suppose
beaucoup plus.

. . . . *alma Dyone*
   Præcipue nostrum est, quod pudet, inquit, opus.
Nota tibi sint quæque : modos a corpore certos
   Sumite : non omnes una figura decet.
Quæ facie presignis eris, resupina jaceto.
   Spectentur tergo quis sua terga placent.
Milanion humeris Atalantes crura ferebat.
   Si bona sunt, hoc sunt accipienda modo.
Parva vehatur equo : quod erat longissima, nunquam
   Thebaïs Hectoreo nupta resedit equo.
Strata premat genibus, paulum cervice reflexâ,
   Femina per longum conspicienda latus.
Cui femur est juvenile, carent cui pectora mendâ,
   Stet vir, in obliquo fusa sit ipsa toro.
Nec tibi turpe puta crinem, ut Philleia mater
   Solvere : et effusis colla reflecte comis.
Tu quoque, cui rugis uterum Lucina notavit,
   Ut celer, aversis utere, Parthus, equis.
Mille modi Veneris : simplex minimique laboris,
   Cùm jacet in dextrum semisupina latus.
Sed neque Phœbei trypodes, nec corniger Ammon
   Vera magis vobis, quam mea Musa, canent.

                   (Art. Am. lib. III.)

Le nombre des figures dessinées par Jules Romain, et gravées par Marc-Antoine, est de seize, pour lesquelles l'Arétin a composé tout autant de sonnets. Dans *la Putana errante*, ouvrage *del Veniero*, ce nombre est porté jusqu'à trente-cinq. On voit combien nous avons gagné depuis le siècle d'Auguste ; et si nos ingénieux libertins transmettent par la presse ou par le burin toutes les attitudes que la volupté, le raffinement et la débauche inventent et mettent chaque jour en usage, la postérité ne peut que gagner aux connoissances érotiques que nous lui préparons.

Dans le vrai, nous sommes forcés de convenir que si le changement de mets excite l'appétit, la variété des jouissances en augmente la volupté, et notre bon La-fontaine avoit bien raison de dire :

Même beauté tant soit exquise,
Rassasie et saoule à la fin ;
Il me faut d'un et d'autre pain ;
Diversité, c'est ma devise.
Cette maîtresse un tantet bise ;
Rit à mes yeux : pourquoi cela ?
C'est qu'elle est neuve ; et celle-là ;
Qui depuis long-temps m'est acquise ;
Blanche qu'elle est, en nulle guise
Ne me cause d'émotion,
D'où vient ? En voici la raison :
Diversité, c'est ma devise.

N°. VI.

HERCULE ET DEJANIRE

HERCULE ET DÉJANIRE.

On sait de quelle manière Jupiter s'y prit pour jouir d'Alcmène, femme d'Amphitrion. La nuit où cette princesse conçut Hercule, dura, dit-on, l'espace de trois nuits, et même de neuf; mais l'ordre des tems ne fut pas interrompu pour cela, puisque les suivantes furent plus courtes à proportion. On sait comment *le Seigneur Jupiter sut dorer la pilule,* et faire au roi de Thèbes la déclaration authentique de ses amours avec Alcmène.

Le jour de la naissance d'Hercule, on entendit le tonnerre éclater à coups redoublés, et l'on vit plusieurs prodiges qui annonçoient la gloire future du fils de Jupiter. En effet Hercule encore enfant, saisit et étouffa deux serpens qu'on avoit placés auprès de son berceau. En grandissant, il devint d'une force extraordinaire. Un ancien mythologiste dit qu'il étoit d'une stature carrée, brun, nerveux; qu'il avoit le nez aquilin, les yeux bleu foncé, et les cheveux épars et en désordre; qu'il étoit grand mangeur et buveur en proportion. Au sortir de l'enfance, placé entre le vice et la vertu, il se détermina pour cette dernière, et ce fut elle qui lui inspira tous les exploits qui illustrèrent sa vie. Nous ne parlerons pas de ses douze travaux. Ils sont connus. Nous ne ferons mention que du treizième, qui, de l'aveu des savans, valoit à lui seul tous les autres; ce fut de dépuceler, et d'engrosser dans une nuit les cinquante filles de Thespius. Ce prince voulant avoir une postérité dont son ami Hercule fût le père, l'invita à un festin magnifique, et lui fit amener ensuite ses cinquante filles l'une après l'autre, pour qu'il en jouît et les rendît mères.

Hercule s'acquitta parfaitement de la commission; mais au dire de Pausanias, la plus jeune ne voulut jamais consentir à lui donner sa virginité, et le héros, un peu fatigué sans doute, ne força pas sa volonté, mais l'obligea d'être sa prêtresse, et de rester vierge toute sa vie.

Hercule fut célèbre dans toute l'antiquité, non seulement par ses travaux admirables et par ses victoires multipliées, mais aussi par sa force inépuisable dans les combats de Vénus. C'est pour cela que la première nuit des noces lui étoit dédiée. Sous les auspices d'un demi-dieu heureux et robuste, le nouvel époux devoit forcer la barrière et pénétrer dans le sanctuaire de l'amour, tandis que le dieu *Subigus* soumettoit la fille aux transports du mari. La déesse *Prema* la contenoit sous lui, pour empêcher qu'elle ne remuât trop, et la nouvelle mariée invoquoit la déesse *Pertunda* dont l'emploi, dit saint Augustin, étoit d'ouvrir à l'homme le sentier de la volupté ; car, comme le remarque très-judicieusement l'évêque d'Hippone, le mari n'auroit pas souffert volontiers qu'un dieu lui rendît ce service, et qu'il lui donnât du secours dans un endroit où trop souvent il n'en a pas besoin.

Pour revenir à notre sujet, nous dirons qu'Hercule eut beaucoup de femmes, et un plus grand nombre d'amantes. Nous ne parlerons que de Déjanire et de

l'aventure du héros avec cette princesse , fille d'Œnée,
roi de Calidon.

Nomine si qua suo tandem pervenit ad aures
Déjanira tuas , quondam pulcherrima virgo ;
Multorumque fuit spes invidiosa procorum.

(Ovid. Métam.)

Les princes les plus puissans de la Grèce la recher-
chèrent en mariage; mais Hercule eut la préférence, et
l'obtint , après avoir vaincu Achélous. Le héros victorieux
retournoit dans sa patrie avec Déjanire , lorsqu'il fut
arrêté dans son chemin par un fleuve débordé : il n'étoit
embarrassé que pour sa femme ; car rien n'étoit capable
de le retenir lui-même. Le Centaure Nessus, qui nageoit
parfaitement, s'offrit de porter la princesse sur son dos,
et de lui faire traverser le fleuve. Sa proposition fut
acceptée ; mais à peine eut-il gagné l'autre bord, qu'il se
mit à courir pour enlever Déjanire. Hercule s'aperce-
vant du mauvais dessein du Centaure, lui décocha une
flèche empoisonnée , et l'abattit.

Jamque tenens ripam missos cum tolleret arcus,
Conjugis agnovit vocem, Nessoque paranti
Fallere depositum ; quò te fiducia, clamat
Vana pedum, violente, rapit? tibi Nesse biformis,
Dicimus : exaudi ; nec res intercipe nostras.
Si te nulla mei reverentia movit , at orbes
Concubitus vetitos poterant inhibere paterni.
Haud tamen effugies , quamvis ope fidis equiná.
Vulnere non pedibus te consequar. Ultima dicta
Re probat : et missá fugientia terga sagittá
Trajicit , etc. etc. . . . .

Déjanire débarrassée de son ravisseur, vola dans les bras de son époux, qui la reçut avec transport.

On ne peut qu'admirer le génie et le talent de Carrache dans la composition de ce sujet. La pose de l'Hercule est ferme et vigoureuse. Ses muscles sont prononcés mais sans contrainte. Il a l'air de porter Déjanire sur un doigt. Sa main droite paroît plutôt la caresser que la soutenir, tandis que la gauche soulève légèrement la jambe de cette femme chérie. Son regard fixe semble vouloir lire dans les yeux de son amante, qui, par son abandon voluptueux, exprime toute sa confiance et le plaisir qu'elle éprouve dans ses embrassemens, d'être délivrée des tentatives infructueuses du Centaure insolent et brutal.

Qu'on ne nous objecte plus que la force et la vigueur épouvantent un sexe foible et timide. Nous avons tous les jours la preuve du contraire, et tout confirme l'assertion du Gentil Bernard :

> Je vous atteste, ô beauté que j'enseigne,
> De cet amour, oui, vous suivez l'enseigne.
> Qu'un jeune amant, pour plaire à vos regards,
> Ait le teint, l'age, et la taille de Mars ;
> Sans ces attraits, qu'à Florence on renomme,
> La santé mâle est la beauté de l'homme.
> Trouvez pourtant, s'il se peut, réunis
> Les dons d'Alcide, et les traits d'Adonis ;
> S'il faut des deux que votre esprit décide,
> Vous rougirez, mais vous prendrez Alcide.

N°. VII.

MARS ET VENUS

MARS et VÉNUS.

La plus aimable des déesses, mariée malgré elle au plus maussade et au plus laid des dieux, ne pouvoit lui rester long-temps fidèle. Mars, jeune, bienfait et valeureux, fit sa cour à Vénus. Elle accepta son hommage et le rendit bientôt heureux. Vulcain fut dès ce moment l'exemple et le modèle des sots maris, dans les cieux et sur la terre.

Homère est le premier des poëtes qui ait parlé de cette aventure. Demodoque, dit-il, chante les amours de Mars et de Vénus; l'union secrète des deux amans dans le palais de Vulcain; les dons nombreux que la déesse reçut du dieu des combats: mais le soleil témoin de leur amour, court en instruire cet époux. A cette nouvelle sinistre, Vulcain roulant au fond du cœur de terribles projets de vengeance, hâte ses pas et se rend à sa noire forge. Il dresse sur sa base éternelle l'énorme enclume. Déjà le marteau en main, il frappe à coups redoublés et forme des liens imperceptibles, et cependant forts et indissolubles, dont il veut environner les deux amans. Quand il a entouré sa couche de ce rets merveilleux, il feint de se rendre à Lemnos sa terre la plus chérie. Mars au casque d'or ne s'endormit point, lorsqu'il vit le départ de Vulcain. Il vole au palais de ce dieu, impatient de s'unir à la divine Cythérée. Elle venoit de la demeure de Jupiter, et retirée dans son appartement, brillante de beauté, elle étoit assise loin des témoins. Le dieu de la guerre arrive; il lui prend la main, et ces mots expriment ses sentimens impétueux : O déesse que j'adore, viens dans mes bras, livrons nos cœurs aux charmes de l'amour; Vulcain est absent; il est à Lemnos et t'abandonne pour ses barbares Sintiens. Il dit ; la déesse embrasée des mêmes feux cède à cette prière. Le lit nuptial reçoit les deux amans ; mais le tissu invisible que prépare l'artificieux Vulcain, les enlace des liens les plus étroits.

Déjà Vulcain approche. Il se hâte d'arriver dans son palais. Il est sur le seuil. Une rage véhémente le saisit; il élève une voix épouvantable qui fait retentir l'enceinte entière de l'Olympe. A ces cris, les dieux se hâtent de porter leurs pas dans ce palais éternel. La pudeur et la bienséance retiennent les déesses dans leurs demeures. A l'aspect des piéges, ouvrages de l'industrie de Vulcain, un rire universel, ébranlant les cieux, éclate sans fin parmi leur troupe fortunée. — Cependant, à la prière de Neptune, Vulcain rompt de sa forte main le filet merveilleux ; dégagés de ces liens qui sembloient indestructibles, les deux amans courent loin de l'Olympe et fuyent tous les regards. Mars se précipite au fond de la Thrace. La déesse des ris vole dans l'île de Chipres, à Paphos, où dans un bocage heureux et sacré s'élève son temple, et fument toujours ses autels odorans. Les Grâces la conduisent au bain, et ayant répandu sur elle un parfum céleste qui ajoute à la beauté des immortels, elles l'ornent de vêtemens, l'ouvrage de leur art et le charme de la vue.

Un poëte moderne (Reposianus) a fait un petit poëme des amours de Mars et Vénus, où l'on trouve ces jolis vers :

Incubuit lectis Paphie, pro sancte Cupido !
Quam blandas voces, quæ tunc ibi murmura fundunt !
Oscula permixtis quæ tunc fixere labellis !
Quam bene consertis hæserunt artibus artus !
Stringebat Paphiæ Mavors tunc pectore dextram
Et collo innexam ne lædant pondere levam ,
Lilia cum roseis supponit candida sertis.
Sæpe levi cruris tactu permovit amantem
In flammas , quas diva movet ; jam languida fessos
Forte quies Martis tandem compresserat artus.
Non tamen omnis amor, non omnis pectore cessit
Flamma dei , trahit in medio suspiria somno :
Et venerem totis pulmonibus ardor anhelat.
Ipsa Venus tunc tunc calidis suspensa venenis
Uritur ardescens , nec somnia parte quieta.
O quam blanda quies ! o quam bene presserat artus !
Nudus forte sapor ! niveis suffulta lacertis ,
Colla nitent , pectus gemino quasi sidere turget.
Non omnis resupina jacet sed corpore flexo
Molliter , et laterum qua se confinia jungunt ,
Martem respiciens deponit lumina somno.

(28)

Dans la collection des Priapées , on voit une pierre
gravée représentant cette fable; et le commentateur y a
joint cette réflexion : Comme cette invention des rets
dans lesquels Vulcain enveloppa Mars et Vénus étoit
contraire à la sûreté publique, elle fut condamnée de
tout le monde , et ne fut suivie de personne, autrement
on auroit vu plus de femmes enfermées dans les filets
des jaloux que de poissons arrêtés dans ceux des pê-
cheurs.

La meilleure morale qu'on puisse tirer de cette fable,
c'est qu'il faut en mariage une union assortie. Dès que
vous donnerez à une jeune et belle femme un mari laid
et jaloux, vous risquerez de renouveler l'aventure de
Mars et de Vénus. L'inconstance est si naturelle qu'il
faut bien se garder de lui prêter une excuse raisonnable.

En nous chargeant d'une chaîne si dure ,
Avons-nous bien consulté la nature?
Se condamner à se plaire toujours !
Enchaîne-t-on les grâces, les amours?
Ces petits dieux n'ont-ils pas tous des ailes ?
Hymen se trompe, il en fait des rebelles.
Tyran farouche, impérieux, jaloux,
Comme un vautour, le soupçon le déchire ;
Il est puni. L'amour tombe aux genoux
De la beauté , la console, l'admire :
Par son respect, il veut tout mériter.
Elle est esclave, il en fait une reine,
Une déesse : on ne peut résister,
Vous le savez ; je ne puis en douter ,
Et toute femme en conviendra sans peine.

(Parapilla.)

CULTE DE PRIAPE.

CULTE DE PRIAPE.

Suivant Strabon, Apollonius et Diodore , Priape étoit
fils de Vénus et de Bacchus. Ce dieu revenant de l'Inde ,
après y avoir glorieusement terminé la guerre, se reposa
avec la déesse qui étoit enceinte , à Lampsaque, dans
l'Hellespont. Elle y accoucha. On dit que Junon, toujours
jalouse de Vénus, toucha l'enfant au moment qu'il vint
au monde , et le rendit tout difforme et contrefait.
Priape grandit et se fit une belle réputation auprès des
femmes de Lampsaque, à cause de certaines qualités cor-
porelles auxquelles Junon n'avoit porté aucune atteinte.
On se l'enlevoit. Les maris , peu satisfaits d'une préférence
qui les humilioit, s'assemblèrent, et d'un commun accord ,
chassèrent Priape de leur ville. Les femmes irritées d'un
pareil procédé , s'adressèrent aux dieux et obtinrent par
leurs prières la punition de leurs maris jaloux. Ils furent
tous frappés d'une maladie très – désagréable. Les malheureux affligés eurent recours à l'oracle de Dodone, qui
leur ordonna d'appaiser Priape et de le rappeler dans la
ville, ce qui fut exécuté ponctuellement ; et ce dieu , au
grand contentement des femmes , reçut tous les honneurs
qui lui étoient dus.

Priape eut plusieurs noms chez les anciens. Les Egyptiens le nommoient *Horus*, et le représentoient jeune,
ailé, avec un disque sous les pieds , tenant un sceptre
de la main droite, et de la gauche soulevant son membre

viril , qui égaloit en grosseur tout le reste de son corps. Il fut appelé *Mutinus* par les Romains , qui lui bâtirent un temple sous ce nom , à ce que dit *Festus.* Il y étoit assis avec le membre en érection, sur lequel les jeunes épouses venoient s'asseoir avant de passer dans les bras de leurs maris , afin que ce dieu eût les prémices de leur virginité. Il fut aussi surnommé *Phallus* ; *Ithiphallus* et *Triphallus.*

Les femmes romaines portoient à leur cou et suspendoient dans leurs appartemens des phalles ou figures de Priape. Ils étoient de verre, d'ivoire, d'or, de bois, et elles en faisoient en étoffe de laine ou de soie, pour amuser leur libertinage et charger leur vaisseau (*ad suam onerandam navem*) comme le dit plaisamment Pétrone.

A l'égard de son emploi, il présidoit à la garde des jardins, qui n'étoient pas regardés comme des endroits bien décens, à cause de leurs divinités tutélaires, Vénus et Priape. Il devoit en écarter les voleurs et les oiseaux. Il étoit représenté chez les Latins, d'une stature moyenne, avec une figure assez laide et barbue, ordinairement nud et peint en rouge.

Ruber hortorum custos , membrosior equo
   Qui tectum nullis vestibus inguen habet, etc. . . .

On lui mettoit sur la tête une couronne de feuilles ; il portoit un bâton, et quelquefois on lui joignoit un âne de bois. Cet animal lui étoit offert en sacrifice, ainsi que le cochon, le bouc et la chèvre. Ses chapelles étoient toujours dans les jardins, et l'on plaçoit dedans une table ou un autel. Il portoit des couronnes diverses, suivant les saisons ; de roses au printems , d'épis de blé dans l'été, de pampre en automne , et de feuilles d'olivier en hiver. On arrachoit autour de ses édicules toutes les herbes parasites et les broussailles. On lui offroit des pommes et toutes sortes de fruits, du lait et de l'orge torrifié.

Nous avons déjà dit que les jeunes filles alloient s'asseoir sur son giron , le jour de leur mariage. Elles lui offroient le lendemain autant de verges de saule qu'elles avoient essuyé d'assauts amoureux. Ce qui est confirmé par l'épigramme adressée à ce dieu.

Cum sacrum fieret Deo solaci
Conducta est pretio puella parvo.
Communis satis omnibus futura ;
Quæ quot nocte viros peregit unâ
Tot vespas , tibi dedicat salignas.

On apendoit à sa chapelle des tableaux votifs , lorsqu'il avoit guéri certains enchantemens contre la consommation du mariage, et les femmes satisfaites venoient couronner de fleurs son membre divin.

La célèbre Lalagé offrit à Priape les peintures d'Eléphantis représentant les postures érotiques , et les lui dédia par l'inscription suivante, qui renferme sa prière :

Obcœnis rigido Deo tabellas
Ducens ex Elephantidos libellis ,
Dat donum Lalage. Rogat que tentes
Si pictas opus edat ad figuras.

L'épigramme qui suit désigne la punition dont Priape menaçoit les voleurs, et quiconque causeroit du dommage aux jardins dont il étoit le gardien.

Fœmina si furtum faciet mihi , virque puerque
Hæc cunnum , caput hic , præbeat ille nates.

Ce dieu n'a plus de culte public parmi nous, mais on ne cesse de lui faire des offrandes en particulier ; les boudoirs de nos petites-maîtresses ont remplacé ses édicules ; nos poëtes chantent ses louanges, et l'antiquité n'a rien produit de plus sublime et de plus énergique que l'ode de Piron à cette divinité, dont nous ne citerons qu'une strophe , traduite en italien.

S'erganò al gran Priapo illustri templi
Dove del nume il gran poter si adori ;
Ivi di giornò e notte si contempli
Il soave piacer dè fottitori.
Peli e coglion , di sacro rito esempli
Ominò il crin come in ghirlanda i fiori ;
Il seme sia l'offerta al nume cara :
La potta e il cazzo , il sacerdote e l'ara

D'après ce que nous venons de dire sur Priape , il est bien naturel qu'un Satyre et sa femme viennent en face de ce dieu faire un sacrifice plus agréable pour lui que l'offrande d'une chèvre ou de quelques fruits , et il ne faut pas être surpris si la victime, sur le point d'expirer de plaisir, adresse à son protecteur un regard de volupté, tribut de sa reconnoissance.

N°. IX.

ANTOINE ET CLEOPATRE

ANTOINE et CLÉOPATRE.

L'HISTOIRE ne nous offre pas de spectacle plus magnifique et plus enchanteur, que l'arrivée de Cléopâtre à Tarse, où elle venoit se présenter pour la première fois à Antoine. Elle s'embarqua sur le fleuve Cydnus, dans un vaisseau dont la poupe étoit d'or, les voiles de pourpre, et les rames d'argent. Les matelots voguoient au son des flûtes, des guitares et des hautbois. Elle étoit couchée sous un dais d'or, habillée en Vénus, entourée de petits enfans vêtus en amours. Ses femmes étoient en Néréïdes. Il sortoit du vaisseau une odeur de parfums exquis qui embaumoit les deux rives du fleuve. Comme elle arrivoit en cet état près de la ville où étoit Antoine, tout le peuple vint au-devant d'elle, et on répandit le bruit que c'étoit Vénus qui venoit visiter Bacchus pour le bien de l'Asie. Les courtisans laissèrent Antoine tout seul, et accoururent pour voir ce spectacle.

Cléopâtre avoit tout ce qu'il falloit pour faire une profonde impression sur le cœur d'Antoine, qui étoit l'homme le plus voluptueux, comme elle étoit la plus belle, la plus aimable et la plus spirituelle des femmes. Dès qu'elle eut mis pied à terre, elle fit prier le Triumvir de venir souper chez elle. Antoine se rendit à son invitation, et y trouva des préparatifs d'une magnificence qu'on ne peut exprimer : mais ce n'étoit rien en comparaison des appas de Cléopâtre et des agrémens de son esprit, qui

avoient des attraits dont il étoit impossible de se dé-
fendre.

Sed non divitiæ , non auro fulva supellex
Gemmative tori passim , pictive tapetes
Antonii pascunt oculos, nec talia curat ;
Dum prope sidereo cunctis splendoribus ore
Præradiat, vultu que movet Cleopatra superbos.
Hanc videt , huic oculis et pectore totus inhæret.
Quoque magis cernit , magis ardet ; cetera visu
Splendida quæ primo , sordent objecta secundo ;
Fœmineus decor augetur, crescit que revisus.

(Thom. Maïus)

Antoine ne put résister à tant de charmes : il fut sé-
duit ; et pour terminer cette belle fête d'une manière
enchanteresse, Cléopâtre se livra aux transports de son
amant, les partagea, et acheva de l'enivrer d'amour et
de plaisir.

Tout le temps que ces deux amans passèrent à Tarse,
fut employé en fêtes et en festins. Ils se rendirent
ensuite à Alexandrie où ces fêtes se renouvellèrent
avec une somptuosité dont il n'y a jamais eu d'exemple.
Antoine ne pouvoit se séparer de Cléopâtre ; et quand
il étoit obligé de la quitter quelque temps, il hâtoit son
retour pour venir savourer auprès de sa maîtresse toutes
les délices dont elle savoit lui procurer la jouissance.

Un poëte de nos jours a ingénieusement placé le
siége de l'amour dans le *cœur* , en prévenant néanmoins ,

Qu'on étoit convenu de prendre un mot honnéte
    Au lieu d'un mot qui ne l'est pas,

et il a observé, avec beaucoup de justesse et de sagacité,
que

    Le cœur fait nos plaisirs, par-tout on s'en amuse;
        Mais à ce joli petit jeu,
        A force de servir, il s'use;
    Et chacune et chacun finissent en tout lieu
        Pour en avoir trop ou trop peu.

                        (BOUFLERS.)

Nos amans éprouvèrent cette vérité. Antoine, qui s'étoit livré avec trop d'ardeur à la fougue de ses passions, s'aperçut de la baisse de ses facultés; et pour relever sa foiblesse, il eut recours aux aphrodisiaques connus de son temps, tels que les artichaux, les huîtres, les asperges, les testicules de bélier, les polypes, etc. Il alla même jusqu'à coucher sur des éponges pour ranimer ses forces épuisées dans les combats amoureux. Mais ces ressources n'étoient que momentanées, et ne faisoient qu'augmenter ses regrets. Cléopâtre au contraire dans l'âge où le tempérament s'attise par l'exercice, sentoit plus que jamais les besoins de son *cœur*, et ne trouvant pas dans son amant tout ce qu'il falloit pour les satisfaire, ne manquoit pas de prendre ailleurs son supplément. La chose lui étoit facile, puisque tous les amis et les courtisans d'Antoine étoient si éperdument amoureux de ses charmes, qu'il y en eut plusieurs qui choisirent de coucher une nuit avec elle, à condition de perdre la vie le lendemain.

Antoine s'apercut des infidélités de Cléopâtre. Il lui
en fit des reproches. Elle lui avoua ingénument qu'elle
étoit emportée par une ardeur si immodérée, que ne
pouvant résister au désir qui la pressoit, elle s'étoit dé-
guisée pendant la nuit, pour aller dans un lieu public,
où elle avoit connu cent six hommes ; et que malgré
tant d'assauts, elle en étoit sortie sans être rassasiée. Ce
qu'il attribuoit à une maladie de *cœur* plutôt qu'à une
débauche d'esprit. Antoine amoureux au point qu'il
trouvoit plus facile de la souffrir telle qu'elle étoit, que
de se résoudre à la perdre , consulta les médecins, qui
furent tous d'avis que , vouloir réprimer cette fureur
utérine, seroit compromettre la vie de la reine ; le seul
Soranus , médecin de Rome, à qui Antoine écrivit à ce
sujet, lui envoya une recette dont le Triumvir fit usage,
et Cléopâtre s'en trouva parfaitement bien.

Nous transcrivons ici cette recette pour l'usage de nos
lecteurs qui pourroient en avoir besoin, et nous engageons
les dames qui ne savent pas le latin, à se la faire traduire
par leurs docteurs.

Recipe : *Lac caprifici et radicem herbæ quæ dicitur Tellina et
tere diligenter et illines veretrum et confricabis manibus , et sic ad
decem unciarum magnitudinem consurget. Post hæc statim ut
concubitum perficere volueris , totum veretrum præfato unguento
inunges , et sic mitte infra vulvam mulieris quantò expeditius
poteris. Mox enim jacto semine et liquefacto unguento , tanto
amore , tantaque dulcedine attrahit infrà se matrix , quod illicò
concipit mulier. Nam in tanto amore ex eo mulier adducitur , quod
neque cum devirginatur ille amor huic potest æquari. Non tibi veren-
dum erit , eam alio viro velle commisceri nisi cui similliter ei possit
facere.*

N°. X.

BACHUS ET ARIANE.

BACCHUS ET ARIANE.

Thésée voulut être du nombre des jeunes gens qu'Athènes sa patrie envoyoit en Crête, pour être la proie du Minotaure. Arrivé dans l'île, sa beauté, sa jeunesse, son courage intéressèrent en sa faveur Ariane, fille de Minos; et cette princesse, pour faciliter sa périlleuse entreprise, lui donna un peloton de fil, qui le dirigea dans les détours du labyrinthe. Ce héros combattit et tua le monstre. Cette victoire augmenta l'amour d'Ariane; et pour suivre son amant, elle se détermina à quitter son père et sa famille. Le vaisseau de Thésée, contrarié par les vents, fut obligé de relâcher dans l'île de Naxos, où il séjourna quelque temps. C'est là que la princesse, sans gêne et sans contrainte, put se livrer à tous les transports de sa passion. Un jour qu'excédée des fatigues du plaisir, elle réparoit, dans les bras de Morphée, ses forces épuisées par les jeux d'amour,

> Un songe heureux dont les erreurs la frapent
> Lui retraçoit des plaisirs qui s'échapent;
> Elle croyoit tenir entre ses bras
> Le cher objet dont elle est souveraine.
> Songe flatteur tu trompois ses appas
> Son amant fuit; l'inconstance l'entraîne.

Thésée met à la voile et laisse sur ces bords étrangers la malheureuse Ariane livrée à toutes les horreurs du regret et du désespoir. A son réveil, ne trouvant plus son

amant à ses côtés, elle le cherche vainement par-tout;
courant enfin au bord de la mer, elle aperçoit sur la
plaine liquide le vaisseau du perfide qui se perdoit dans
l'éloignement. Certaine alors du malheur qui l'accabloit,
cette amante infortunée s'exhale en plaintes amères mais
inutiles contre l'ingratitude et l'inconstance.

At non hæc quondam nobis promissa dedisti
Voce ; mihi non hoc miseræ sperare jubebas ;
Sed connubia læta , sed optatos hymenæos :
Quæ contra aerii discerpunt irrita venti.
Tum jam nulla viro juranti fœmina credat:
Nulla viri speret sermones esse fideles.
Quis cum aliquid cupiens animus prægestit apisci ,
Nil metuunt jurare , nihil promittere parcunt :
Sed simul ac cupidæ mentis satiata libido est ,
Dicta nihil metuere , nihil perjuria curant.

(CATULLE.)

La malheureuse princesse, le visage baigné de pleurs,
s'arrachant les cheveux, et s'abandonnant au plus affreux
désespoir, prioit les dieux de la venger du perfide, et
vouloit terminer une vie qui lui devenoit insupportable,
lorsqu'on entend tout-à-coup sur le rivage un bruit
confus mêlé de sons harmonieux, de cris de joie, et
de tintement de cymbales. Une troupe de Faunes et de
jeunes filles marche en cadence, et frappe la terre de ses
pas mesurés. Elle précède un char couronné de pampres
et de raisins, et traîné par deux tigres apprivoisés, sur
lequel étoit assis un beau jeune homme au visage ver-
meil, resplendissant de gloire et brillant de santé.

C'étoit Bacchus ; les ris et la jeunesse
Font retentir mille chants d'alégresse ;
Et les amours se jouant sur son char,
En font jaillir des ruisseaux de nectar.

(Bernard.)

Ariane étonnée perd la voix, pâlit, oublie un moment sa douleur. Tremblante comme le roseau flexible agité par les vents, trois fois elle veut fuir et trois fois elle est retenue par la crainte. Le dieu l'aperçoit, descend de son char, et la prenant dans ses bras : Rassurez-vous, lui dit-il, vous pleurez un amant infidelle, je viens vous venger ; j'essuierai vos larmes et je vous dédommagerai des chagrins qu'il vous cause. Disant ces mots, il l'embrasse étroitement ; ses yeux pétillent de désir et d'impatience, et sa bouche brûlante imprime un baiser de feu sur les appas de la belle affligée. Ariane interdite, confuse, sent la parole expirer sur ses lèvres : elle balance, elle hésite ; mais après une foible résistance, elle cède aux transports de son aimable consolateur.

Bacchus enivré de tendresse,
Se jette avec emportement
Sur le trait charmant qui le blesse.
Abandonnée au sentiment,
L'amante avec moins de foiblesse
Résiste encor à son amant.
Cette rigueur involontaire
Le consume d'un nouveau feu.
L'effort qu'elle fait pour se taire
Augmente le prix de l'aveu.

Elle voudroit briser encore
Le trait dont son cœur est atteint;
Un baiser du dieu qu'elle adore
Rougit l'albâtre de son teint.
C'est vainement qu'elle en murmure,
Son rouge a trahi ses désirs ;
Rouge charmant que la nature
Pétrit par la main des plaisirs.
Quel triste éleve de la Grece
Pourroit, en voyant sa beauté,
Préférer les lys de Lucrèce,
Et les pâleurs de la sagesse
Aux roses de la volupté !
C'en est fait, les gazons renaissent,
Les fleurs s'élévent à l'entour ;
Emules du dieu de l'amour,
Les zéphirs en l'air se caressent
Et les nuages qui s'abaissent
S'opposent aux rayons du jour.

(BERNIS.)

Cependant, soit qu'Ariane voulût cacher à Bacchus l'embarras de la pudeur aux abois, soit que le souvenir de l'ingrat Thésée se retraçât encore dans sa mémoire, soit qu'elle doutât de retrouver dans le dieu les qualités qu'elle regrettoit dans le héros, soit enfin qu'elle craignît dans l'ivresse de la volupté, de laisser échapper le nom de son premier amant, elle se coucha, le visage contre terre, couvrit ses yeux de ses bras, et faisant à Bacchus l'entier abandon de ses charmes, elle lui laissa le soin de ses plaisirs.

—————————

N°. XI.

POLYENOS ET CHRISIS

POLYENOS et CHRYSIS.

De tous les écrivains de l'antiquité, Pétrone est celui qui nous a laissé le plus de détails sur les mœurs et les débauches des Romains, du temps des premiers empereurs. Sa satyre est la critique de Néron, et c'est sous le nom de Polyenos qu'il nous raconte l'aventure de ce prince avec Silvia, dame romaine, qu'il a désigné sous celui de Circé.

Polyenos se promenant dans une place publique à Crotone, fut abordé par une jeune fille très-bien faite, qui, l'appelant par son nom, lui dit que sa maîtresse désiroit lui parler. Après quelques éclaircissemens et plusieurs propos assez gais, il pria cette fille de faire venir la dame dans un bois voisin. Elle s'éloigna un instant, et revint avec sa maîtresse, qui s'étoit retirée dans une allée de lauriers. Tout ce que la peinture et la sculpture ont jamais produit de plus parfait n'étoit rien en comparaison de la beauté de Circé. « *Crines ingenio suo flexi, per totos sese humeros effuderant : frons minima et quæ radices capillorum retro flexerat : supercilia usque ad malarum stricturam currentia et rursus confinio luminum pene permixta: oculis clariores stellis extrà lunam fulgentibus: nares paululum inflexæ et osculum quale Praxitelles habere venerem credidit. Jam mentum, jam cervix, jam manus, jam pedum candor intrà auri gracile vinculum positus, parium marmor extinserat.* »

La joie de cette aimable personne se déclara par un

sourire obligeant. Je viens, dit-elle à Polyenos, m'offrir à vous en qualité de maîtresse; acceptez-moi pour telle, et me mettez à l'épreuve quand il vous plaira. En achevant ces mots, elle se jeta à son cou, et le serrant dans ses bras avec une douceur sans pareille, elle l'attira sur un gazon émaillé qui s'offroit pour trône à leurs plaisirs. Là, couchés mollement tous les deux, ils préludèrent par mille baisers, qui les disposoient à la suprême volupté; mais une foiblesse surprit tout-à-coup Polyenos.

> Prêt de goûter mille délices,
> Ce triste et malheureux amant,
> Vit changer son contentement
> En de très-rigoureux supplices.
> Déjà tout étoit entrepris,
> Lorsqu'il demeura tout surpris
> D'une infortune sans seconde,
> Et que pour combler son ennui,
> Ce qui donne la vie au monde,
> Demeura froid et mort en lui.

(CORNEILLE.)

On peut se figurer la confusion du galant. Les reproches de Circé achevèrent de lui faire perdre le peu de vigueur qui lui restoit; et cette belle trompée, affectant un sourire de gaieté, après avoir secoué sa robe, entra brusquement dans un petit temple de Vénus qui étoit tout proche.

Nous regrettons de ne pouvoir transcrire ici la lettre que Circé écrivit le lendemain à Polienos, et la réponse de celui-ci pour la prier de lui permettre d'aller réparer sa faute. Elle accepta la proposition, et il s'occupa dès ce moment à rétablir ses forces. Après avoir mangé dès échauffans et bu du vin pur, il attendoit la servante de Circé, lorsqu'il la vit venir avec une vieille à qui elle donnoit le bras. Cette vieille tira un tissu entrelacé de filets de diverses couleurs, et en entoura le cou de Polyenos : mêlant après de la poussière avec du crachat, elle en prit avec le doigt du milieu et lui en mit au front malgré lui. Ce sortilége achevé, elle lui commanda de cracher par trois fois et de se mettre aussi par trois fois dans le sein de petites pierres enchantées qu'elle avoit enveloppées d'un morceau de drap rouge ; ensuite elle porta sa main sur la partie malade, pour voir en quel état elle étoit, et dès qu'elle eut prononcé certaines paroles, toutes ses puissances obéirent à ses ordres; de sorte que la main de la vieille se vit remplie d'une grosseur démésurée. Ce qui lui causa tant de joie, qu'elle s'écria, s'adressant à Priape :

Dum vivis sperare licet ; tu ; rustice custos ,
Húc ades et nervis tente Priape fave.

Après cette cérémonie, Polyenos n'eut rien de plus pressé que de courir chez Circé. Il l'a trouva dans un réduit charmant où l'on avoit réuni tout ce que la nature et l'art peuvent offrir de plus agréable à la vue. Malgré ces préparatifs et l'impatience de Circé, qui mit tout en œuvre pour exciter le champion, il n'en fut pas plus apte à la satisfaire.

Nec potuit cupiens , pariter cupiente puellâ
Inguinis effetti parte juvante frui......
Truncus iners jacuit, species et inutile pondus ;
Nec satis exactum est corpus an umbra foret.
(OVIDE.)

Désespéré d'un malheur aussi accablant, Polyenos adresse une prière à Priape, et va trouver la sorcière Proselenos, pour qu'elle lui donne un remède plus efficace que le premier.

La vieille le conduisit vers une prêtresse de Priape, qui, après les sacrifices et les enchantemens d'usage, finit la cérémonie par une fustigation sur les reins et *« ut recipiat nervos, anicula profert scortcum fascinum, quod ut oleo et minuto pipere, atque urticœ trito circumdedit semine ; paulatim cœpit inserere ano ejus. Hoc condelissima anus spargit subinde humore femora, nasturcii succum cum abrotono miscet, perfusis que inguinibus, viridis urticœ fascem comprehendit, omnia que infra umbilicum cœpit lenta manu cœdere. »*

Dès que le poignant des orties commença de faire son effet, Polyenos se mit à courir, et pour éprouver ses forces revenues, il s'adressa à Chrysis, femme complaisante et exercée, qui n'eut point à se plaindre, comme Circé, de sa foiblesse et de son impuissance.

Nous ne conseillerons aux débiles amateurs d'employer le remède violent de Proselenos, que dans les cas désespérés. Mais on peut leur indiquer la fustigation, comme un stimulant plus doux et souvent efficace ; et nous les invitons à lire : *Thomœ Bartholini, Joan. Henr. Meibomii patris et Henr. Meibomii filii Tractatus de non flagrorum in re venerea,* dans lequel ils trouveront tous les renseignemens relatifs à ce remède, et le bon usage que l'on peut en faire dans l'occasion.

N°. XII.

LE SATIRE ET SA FEMME

LE SATYRE ET SA FEMME.

Nous ne connoissons de monumens de l'antiquité,
représentant des Satyres femelles, qu'une pierre gravée
dans la collection des Priapées, où l'on voit une femme
de Satyre assise sur le *veretrum* d'un Priape, et un bas-
relief d'un autel dans lequel l'artiste a sculpté le même
sujet, et qui se trouve actuellement à Rome dans la
villa Borghèse.

Les anciens écrivains qui ont parlé des Satyres, n'ont
fait aucune mention de leurs femmes. Il paroît même
qu'ils ne leur en ont point supposé. S'ils les avoient
imaginées, il eût fallu leur donner les mêmes inclinations.
Dès-lors ces femelles eussent été la terreur des jeunes
garçons comme les Satyres mâles l'étoient des jolies
filles ; et s'il est vrai que les passions chez les femmes
sont plus violentes que dans les hommes ; si elles sont
moins aisément satisfaites, un petit nombre de Capri-
pèdes femelles auroit bientôt mis sur les dents tous les
étalons du voisinage. Ces Satyresses auroient pu néanmoins rendre service aux bergers qui vivent assez solitaires,
leur être d'une ressource plus agréable que celle qu'ils
étoient souvent obligés d'employer pour appaiser leurs
désirs : et sans doute qu'une femme Satyre eût mieux
valu qu'une chèvre, à la jouissance de laquelle l'impérieux
besoin les avoit quelquefois réduits.

On seroit tenté d'excuser les péchés contre nature,

s'ils n'étoient commis que par des individus que l'isolement, la retraite, ou la séparation forcée de la société d'un autre sexe, oblige à chercher des moyens de réprimer les feux de l'amour; mais il est prouvé que c'est à la dépravation des mœurs et au raffinement du libertinage dans les deux sexes que l'on doit tous les vices honteux qui ont outragé la nature et dégradé l'humanité.

Plus on réfléchit sur ces erreurs de l'esprit humain, qui, par inconstance, caprice ou fantaisie, a cherché à se créer des plaisirs nouveaux, plus on est convaincu que la volupté pure et parfaite consisté dans l'union des deux sexes et dans la réciprocité des moyens qu'ils emploient pour la partager. Ovide, le plus habile connoisseur et maître en cette matière, n'a pu s'empêcher d'en convenir.

> *Illis sentitur non irritata voluptas*
>   *Quod juvet, ex æquo femina vir que ferant.*
> *Odi concubitus qui non utrumque resolvunt;*
>   *Hinc est cur pueri tangar amore minus ....*
> *Me voces audire juvat sua gaudia fassas,*
>   *Ut que morer memet, sustineam que roget.*
> *Aspiciam dominæ victos amentis ocellos,*
>   *Langueat et tangi se vetet illa Diu.*

Lucrèce, qui ne trouve que le physique de bon dans l'amour, n'a pas manqué de peindre cette charmante situation de deux amans dans le déduit.

> *Nec mulier semper ficto suspirat amore,*
> *Quæ complexu viri corpus cum corpore jungit;*
> *Et tenet adsuctis humectans oscula labris,*

Nam facit ex animo sæpe , et communia quærens
Gaudia. Sollicitat spatium decurrere amoris.
Nec ratione aliá volucres , armenta feræque
Et pecudes et equæ maribus subsidere possent ,
Si non ipsa quod illorum subat, ardet abundans
Natura , et venerem salientem læta retractat.

Un illustre philosophe de nos jours a dit fort judicieusement : « On ne connoît si l'on aime véritablement une » femme , qu'au moment qui suit la jouissance. » Il paroît qu'il a fondé son opinion sur cet ancien adage : *omne animal post coïtum triste*. En ne considérant l'amour que du côté physique , il est certain que le besoin une fois satisfait , les moyens qui ont servi à le soulager deviennent indifférens , quelquefois même désagréables. Mais pour peu que le cœur influe sur une liaison et que le sentiment inspire le désir , ce n'est plus une tristesse qu'on éprouve à la suite de la jouissance , c'est une douce fatigue , et cette fatigue est encore un plaisir.

Oh ! momens enchanteurs , et prompts à disparoître
Où l'esprit échauffé , les sens et tout notre être
Semblent se concentrer pour hâter le plaisir !
Vous portez avec vous trop de fougue et d'ivresse ;
Vous fatiguez mon cœur qui ne peut vous saisir ,
Et vous fuyez sur-tout avec trop de vitesse.
Hélas ! on vous regrette avant de vous sentir.
Mais non , l'instant qui suit est bien plus doux encore.
Un long calme succède au tumulte des sens
Le feu qui nous brûloit par degrés s'évapore ;
La volupté survit aux pénibles élans ;
L'ame sur son bonheur se repose en silence ,

Et la réflexion fixant la jouissance ,
S'amuse à lui prêter un charme plus flatteur.
Amour , à ce plaisir l'effort de ta puissance
Ne sauroit ajouter qu'un peu plus de lenteur.

(PARNY.)

L'abbé Raynal prétend que lorsque des mortels des
deux sexes s'unissent pour se livrer au plaisir de la
jouissance, les anges se couvrent de leurs ailes pour ne
pas être témoins envieux d'un bonheur qu'ils ne peuvent
goûter dans le ciel. A cette idée sublime, nous joindrons
le sentiment d'un autre abbé non moins spirituel et plus
épicurien , le Prieur du Temple, qui s'exprime ainsi dans
une pièce de vers intitulée : *Jouissance.*

Puissions-nous , mon Iris, dans ces ravissemens ,
Passer ces jours heureux que donne la jeunesse !
N'envions point aux Dieux leur immortalité,
  Puisque , dans la brièveté
De ces jours malheureux que leur bonté nous laisse ,
  L'amour y fournit des momens
  Dont les transports et la vîtesse
  Valent mieux que l'éternité.

(CHAULIEU.)

N°. XIII.

JUPITER ET JUNON

JUPITER et JUNON.

Voici comment un critique philosophe , Bayle, parle du souverain des dieux et de son auguste épouse.

Jupiter, le plus grand de tous les dieux du paganisme, etoit fils de Saturne et de Cybèle. Il n'y a pas de crime dont il ne se soit souillé ; car outre qu'il détrôna son propre père, qu'il le châtra et qu'il le chargea de chaînes au plus profond des enfers , il commit inceste avec ses sœurs, avec ses filles, avec ses tantes , et il tâcha même de violer sa mère. Il débaucha une infinité de filles et de femmes ; et pour en venir à bout , il prenoit la figure de toute sorte de bêtes. Il donna dans le péché contre nature , car il enleva le beau Ganymède , et il le pourvut de l'office de grand échanson des dieux, afin de l'avoir à sa main toutes les fois que le cœur lui en disoit.

Passons à Junon ; le portrait n'est pas plus flatté. Cette déesse , sœur et femme de Jupiter, étoit fille de Saturne et de Rhée. Son père , bien résolu à dévorer ses enfans , de peur qu'un jour ils ne le chassassent du trône , ne lui fit pas plus de quartier qu'aux deux filles qu'il avoit déjà avalées : mais il lui fallut rendre gorge quelques années après. On lui donna un breuvage qui lui fit vomir tous les enfans qu'il avoit eu l'inhumanité de dévorer. C'est ainsi que Junon revint au monde. On raconte directement les circonstances de son mariage avec Jupiter.

13

Il y a une tradition qui porte qu'ils s'aimèrent et qu'ils
couchèrent ensemble à l'insu de leur père et mère, et cela
sans qu'il paroisse qu'on ait fait long-temps attendre le
soupirant. D'autres disent qu'elle résista, en fille de bien
et d'honneur, aux demandes de Jupiter, et que, pour n'en
être plus importunée, elle s'enfuit dans un antre: mais
ils ajoutent qu'elle y rencontra un jeune homme dont
les discours l'attendrirent de telle façon, qu'elle consentit
à le rendre heureux sur le champ ; de sorte qu'à son mariage, ce fut la première fois que Jupiter jouit d'elle,
mais non pas la première fois qu'elle sentit ce plaisir.
On pretend aussi qu'elle avoit passé par les mains d'Eu-
rimedon, géant fellon et paillard, à telles enseignes
qu'il la rendit enceinte d'un fils qui s'appela Prométhée.
Jupiter ne le sut qu'après ses noces, et quelques plaisans
ont avancé que c'est à cause de cette aventure que Ju-
piter-Ammon portoit des cornes. Quoiqu'il en soit, ces
deux époux firent très-mauvais ménage, et ils en vinrent
au divorce. Après leur séparation, Jupiter eut envie de
ravoir sa femme, et pour y parvenir, il fit courir le bruit
qu'il alloit se marier avec la fille d'Asopus. Cette nouvelle fit plus d'impression sur le cœur de la déesse irritée que toutes les prières du dieu, et la vanité blessée décida le raccommodement. Ce caprice de Jupiter n'est pas
le seul qu'il ait eu pour elle. Ecoutons le bon Montaigne,
d'après le sage Platon.

« Jupiter fit à sa femme une si chaleureuse charge un
» jour, que ne pouvant avoir patience qu'elle eût gagné
» son lit, il la versa sur le plancher, et par la véhé-
» mence du plaisir, oublia les résolutions grandes et

» importantes qu'il venoit de prendre avec les autres
» Dieux en sa cour céleste , se vantant qu'il avoit trouvé
» aussi bon ce coup-là , que lorsque , premièrement, il
» la dépucela en cachette de leurs parens. »

(MONTAIGNE , liv. I, ch. 29.)

Une autre fois ce fut Junon qui alla chercher Jupiter ,
et qui , pour lui plaire , emprunta la ceinture de Vénus.
Mais ce n'étoit pas encore l'amour qui la guidoit; et ce
qui prouve qu'elle n'étoit pas bien pressée , c'est qu'elle
eut le sang froid de représenter à son mari l'inconvénient
qui arriveroit, si quelque dieu les voyoit couchés ensemble
sur le mont Ida. Mais puisque le cœur vous en dit,
ajouta-t-elle , montons dans votre chambre. Jupiter ne
s'accommoda pas de l'expédient; il en trouva un autre;
ce fut de former autour d'eux une nuée si épaisse , que
le soleil même n'y voyoit goutte. C'est en parlant de cette
passade de Jupiter , qu'un poëte a dit :

> *Idæo quales fudit de vertice flores*
> *Terra parens , cum se confesso junxit amori*
> *Jupiter , et toto concepit pectore flammas.*
> *Emicuere rosæ , violæque et molle cyperon ,*
> *Albaque de viridi riserunt lilia prato :*
> *Talis humus Venerem molles clinavit in herbas ,*
> *Candidiorque dies secreto favit amori.*

(PETRONE.)

Ce qu'on peut conclure des amours de Jupiter et de
Junon , c'est que toutes leurs jouissances se sont ressen-
ties du devoir conjugal; aussi c'est au défaut d'abandon

mutuel qu'il faut attribuer s'ils n'ont pas eu d'enfans ensemble. Junon eut, il est vrai, trois enfans ; mais elle
conçut le premier par l'attouchement d'une fleur que
Flore lui indiqua pour Vulcain : elle le conçut de vent par
une vertu toute semblable à celle des jumens de Numi-
die, et ce fut pour avoir mangé des laitues avec beaucoup
d'appétit, qu'elle devint grosse d'Hébé.

Junon avoit le secret de redevenir pucelle tous les ans ;
mais il paroît que Jupiter ne faisoit pas grand cas de
cette sublime qualité, et les véritables amateurs de tous
les temps ont été sur ce point de la même opinion que le
souverain des dieux.

Au reste les mariages d'inclination ont toujours de
mauvaises suites. « Voyez, dit Montaigne, en son vieux
» style, jusques en l'autre monde, quel mauvais ménage
» Jupiter fait avec sa femme qu'il avoit premièrement
» pratiquée et jouie par amourette. »

Un poëte du siècle dernier donnoit ce conseil aux
femmes :

> Mariez-vous, c'est chose honnête,
> Je n'en serai jamais marri ;
> Mais ne soyez pas si bête
> Que d'épouser votre mari.

(MOTIN.)

N°.XIV.

MESSALINE DANS LA LOGE DE LISISCA

MESSALINE

DANS LA LOGE DE LISISCA.

MESSALINE, fille de Messala-Barbatus et femme de l'empereur Claude, poussa l'impudicité jusqu'à la prostitution la plus infame. Elle eut pour amans tous les officiers de la maison de son mari; elle se livra tour à tour à des soldats, des esclaves, des comédiens; et à peine y avoit-il un jeune homme dans Rome qui ne pût se vanter d'avoir eu part à ses faveurs. Un de ses plaisirs ordinaires étoit d'obliger des femmes à se prostituer en présence de leurs maris. Aussi cruelle que débauchée, elle fit périr plusieurs de ses amans que leurs excès avec elle avoient mis hors d'état de répondre à ses désirs immodérés. Enfin elle poussa l'impudeur jusqu'à épouser publiquement Silius, jeune homme d'une grande beauté, tandis que Claude étoit allé passer quelques jours à Ostie. Une médaille nous a conservé la mémoire de cet événement, rapporté par tous les écrivains du temps. Messaline voulut célébrer ce mariage avec la plus grande publicité. Elle osa répondre aux paroles des Aruspices, sacrifier aux dieux, se mettre à table avec les conviés, embrasser et baiser son amant devant toute la compagnie, et passer la nuit avec lui dans toutes les privautés conjugales.

Une cornaline gravée du cabinet de Stoch, qui est

(54)

actuellement entre les mains du roi de Prusse, représente
d'un côté cette impératrice assise devant une *Edi-
cula* ou petite chapelle dédiée à Priape, et lui adressant
son oraison; de l'autre, un colimaçon, animal à deux
sexes et le symbole de la lubricité, entouré de sept
Phallums qui ont l'air de lui rendre hommage. L'épithète
d'*Invicta* dont les lettres sont intercallées avec les Priapes,
caractériseroit suffisamment Messaline, quand même le
graveur n'auroit pas mis le nom de *Messal. Claud.* sur
cette pierre.

Un camée de Craterus rappelle la fameuse scène
d'abomination, et la débauche la plus effrénée de Messaline. Il la représente au moment où elle se déguise
pour aller passer la nuit à la loge de la courtisane
Lisisca, dans un mauvais lieu de Rome; ce que Juvénal
décrit si énergiquement dans sa sixième satire.

Respice rivales divorum ; Claudius audi,
Quæ tulerit. Dormire virum quum senserat uxor,
Ausa palatino tegetem præferre cubili,
Sumere nocturnos meretrix Augusta cucullos
Linquebat, comite ancillâ non amplius unâ.
Sed, nigrum flavo crinem abscondente galero,
Intravit calidum veteri centone lupanar,
Et cellam vacuam atque suam: Tunc nuda papillis
Prostitit auratis, titulum mentita Lysiscæ ;
Ostendit que tuum, generose Brittannice, ventrem.
Excepit blanda intrantes, atque æra poposcit.
Mox, lenone suas jam dimittente puellas,
Tristis abit ; sed quod potuit, tamen ultima cellam
Clausit, adhuc ardens rigidæ tentigine vulvæ :

Et, resupina jacens, multorum absorbuit ictus ;
Et lassata viris, nec dum satiata recessit.
Obscurisque genis, turpis fumoque lucernæ
Fœda lupanaris tulit ad pulvinar odorem.

Pline rend à peu près le même témoignage de la lubricité de Messaline, lorsqu'il dit : *Messalina hoc regalem existimans palmam, elegit in idem certamen vilissimam e prostitutis ancillam, eamque die ac nocte superavit quinto et vicesimo concubitu.*

Un autre Camée de Pithodore de Tralles nous retrace l'aventure racontée par Pline. Quatorze jeunes gens des mieux faits et des plus robustes furent invités par cette impudique princesse ; malgré leurs efforts incroyables, ils ne purent se vanter de la victoire. Ils s'épuisèrent tous dans ses bras ; mais elle résista à tant d'assauts, et fut déclarée *invicta*, surnom dont elle se glorifioit bien plus que du titre d'épouse d'un empereur ; aussi, dès le lendemain, elle ne manqua pas de témoigner sa reconnoissance à Priape et de lui offrir quatorze couronnes de mirthe, en mémoire des quatorze champions qu'elle avoit abattus.

Aux champs de Mars comme à ceux de Cypris,
La gloire coûte, et coûte trop peut-être,
Et c'est toujours aux dépens de son être
Qu'un grand courage a disputé le prix.

Il paroît que Carrache a voulu représenter Messaline dans le lieu de prostitution et au moment où la vieille servante vient l'avertir de se retirer, pour ne pas contrevenir aux réglemens de police auxquels les teneurs de maisons de ce genre étoient soumis. Le son d'une cloche annonçoit au public le moment de l'entrée et de la sortie de ces mauvais lieux. *Tempus quando ad meretricem eundum erat, lenones indicabant tintinnabulo, et ante nonam horam fores erant clausæ vel ex more, vel ex lege aut edicto aliquo.* Vid. *Pitiscus.*

Les loges ou chambres de ces lieux publics avoient un écriteau qui portoit le nom de la courtisane et le prix auquel étoient taxés ses charmes. On voit, dans l'histoire d'Apollonius de Tyr, la forme d'un de ces titres qui est assez plaisante :

> *Quicumque Tarsiam defloraverit*
> *Mediam libram dabit*
> *Postea populo patebit*
> *Ad singulos solidos.*

L'empereur Claude, justement irrité contre la mauvaise conduite de sa femme, la fit périr, ainsi que Silius son amant, l'an 48 de J. C. Mais le nom de Messaline ne sera jamais oublié. Il servira dans tous les siècles à caractériser les femmes qui auront acquis et mérité une grande réputation par leur débauche effrénée et par leur excessive lubricité.

N°. XV.

ACHILLE ET BRISÉIS

ACHILLE et BRISÉIS.

Briséis, connue aussi sous le nom d'Hyppodamie, étoit fille de Brisés, de la ville de Lyrnesse, située dans la Troade. Achille ayant forcé cette ville durant la guerre de Troye, se réserva Briséis pour prix de sa conquête, et en fit sa maîtresse. On ignore quelle étoit sa famille; on sait seulement que son mari, nommé Mines, et trois de ses frères, furent tués, les armes à la main, lors de la prise de Lyrnesse. Voici le portrait que Darès de Phrygie nous a laissé de Briséis. Elle étoit d'une taille au-dessus de la médiocre; elle avoit la figure régulière, les yeux agréables, les sourcils bien dessinés et un peu joints; les cheveux blonds et déliés. Quant au caractère, elle l'avoit doux, timide, craintif et plein de candeur.

Agamemnon ayant été obligé, d'après l'oracle de Calchas, de renvoyer Briséis à son père, pour se venger d'Achille qui avoit été de l'avis du grand prêtre, il fit enlever Briséis par Euribate et Taltibie ses hérauts. Achille en conçut un tel dépit, qu'il résolut de ne plus combattre contre les Troyens, et s'enferma dans sa tente, où il tâchoit de se consoler en chantant sur sa lyre les grandes actions des héros.

Surveillée dans la tente d'Agamemnon, Briséis écrivit cependant à Achille, pour lui témoigner tout le chagrin qu'elle éprouvoit d'être séparée de lui, et pour le rassu-

15

rer sur les craintes qu'il pouvoit avoir que le général des Grecs n'eût voulu jouir de sa prisonnière.

Per tamen ossa viri , subito male tecta sepulchro ,
Semper judiciis ossa verenda meis ;
Perque trium fortes animas , mea numina fratrum
Qui bene pro patria , cum patriaque jacent ;
Perque tuum nostrumque caput quæ junximus unâ ;
Perque tuos enses , cognita tela meis.
Nulla Mycenarum sociasse cubilia mecum
Juro : fallentem deseruisse velis.

(Ovide.)

Achille passa près d'une année dans l'inaction, et auroit peut-être persisté dans sa colère , si le désir de venger la mort de son ami Patrocle , tué par Hector, fils de Priam, n'eût surmonté son ressentiment contre Agamemnon ; et celui-ci , satisfait des procédés d'Achille , lui rendit Briséis, en la faisant accompagner de neuf autres esclaves , et suivre de magnifiques présens.

Telle est donc la puissance irrésistible de l'amour , qu'il dénature les sentimens , étouffe toutes les autres passions , et veut régner seul et sans partage dans les cœurs dont il s'est rendu le maître ! Le fougueux et vaillant Achille, qui ne respiroit que combats , et n'avoit d'autre ambition que la gloire ; Achille, la terreur des Troyens et l'espoir des Grecs, justement offensé de l'affront qu'il a reçu d'Agamemnon, mais encore plus affecté de la privation de son esclave chérie , dépose ses armes , et demeure tranquille et froid spectateur d'une guerre dont il avoit été jusqu'alors le plus terrible soutien.

Leon cui lunga fame arruota il dente,
Se stuol d'armenti pascolar rimira
Corre, sbrana, disperde, e l'innocente
Gregge destina alla sua fame e all'ira.
Così sul Xanto, di furor ardente
Discende Achille, e morte e straggi spira.
Spoglia, incende, saccheggia, e in ogni loco
Il terror si rimira, il sangue, il foco.

Ma al primo balenar d'un lieto volto
D'un vago sen, d'una lasciva fessa,
Il piacer all'orgoglio il campo ha tolto,
E l'ira d'all'amor in bando è messa.
A Marte di repente il tergo ha volto,
E sol ama e sol fotte, e sol s'infessa,
Altr'armi impugna, ed altra guerra intenta
E'l grande Eroe gran fottitor diventa.

Et Briséis? elle avoit vu saccager la ville de Lyrnesse
sa patrie, son époux percé de coups, expirant sous le
fer du vainqueur, ses trois frères massacrés; elle-même
conduite en captive sur les vaisseaux d'Achille, et rem-
plissant dans sa tente toutes les fonctions d'une esclave.
Mais ce guerrier la distingue parmi ses compagnes infor-
tunées; il veut la consoler; son ami Patrocle la flatte que
le fils de Pelée la choisira pour épouse et la fera reconnoître aux Thessaliens ses sujets. Que ne peut l'amour
sur un cœur tendre et sensible, et l'espérance de la vanité satisfaite sur un esprit élevé! Achille étoit jeune,
beau, valeureux; de plus, il étoit roi : que de raisons
pour se rendre à ses désirs amoureux! Aussi l'époux, les

frères, la patrie, s'effacèrent bientôt de la mémoire de
Briséis. Elle fit ce que la matrône d'Ephèse a fait depuis,
et ce que feront toutes les femmes en cas pareil.

Le dieu qui fait aimer prit son temps ; il tira
Deux traits de son carquois ; de l'un il entama
Le vainqueur jusqu'au vif, l'autre effleura la dame.
Jeune et belle, elle avoit sous ses pleurs de l'éclat.
    Toutes gens d'un goût délicat
Ne pouvoient que l'aimer, et même étant leur femme.
Achille en fut épris : les pleurs et la pitié,
    Sorte d'amour ayant ses charmes,
Tout y fit ; une belle, alors qu'elle est en larmes,
    En est plus belle de moitié !
Notre veuve d'abord écouta la louange,
Poison qui de l'amour est le premier degré.
    La voilà qui trouve à son gré
Celui qui le lui donne ; il fait tant qu'elle change :
Il fait tant que de plaire, et se rend en effet
Plus digne d'être aimé que le mort le mieux fait.
    Je ne le trouve pas étrange.

                (LA FONTAINE.)

N°. XVI.

OVIDE ET CORINE.

OVIDE et CORINNE.

LE plus ingénieux et le plus fécond des poëtes latins,
Ovide, a si bien décrit, dans son Art d'Aimer, tous les
manéges des amans et les raffinemens de la volupté, qu'on
pourroit l'appeler, à juste titre, le secrétaire de l'amour.
Doué d'une imagination brillante, plus libertin que sensible, admis à la cour d'Auguste, lié avec tous les beaux
esprits de son temps, connu de tout Rome par ses ouvrages galans, on ne doit pas être surpris que ce poëte ait
mis ses leçons en pratique, et joint souvent l'exemple
au précepte. Il entra fort jeune dans la carrière amoureuse, et il n'avoit qu'environ vingt ans, lorsqu'il chanta
ses amours pour Corinne :

Carmina cum primum populo Juvenilia legi,
Barba resecta mihi, bisve semelve fuit.
Moverat ingenium totam cantata per urbem
Nomine non vero dicta Corinna mihi.

Malgré les petites querelles, les jalousies, les brouilleries,
les vivacités un peu brutales qu'il se permettoit de tems
en tems envers elle, il paroit que cette femme charmante
fut toujours sa maîtresse chérie. Il est vrai que Corinne
ne craignit pas de lui faire quelques infidélités. Elles
étoient bien pardonnables, puisque cette belle ne pouvoit
ignorer celles d'Ovide, qui les publioit dans ses poësies

et qui lui donnoit ses propres esclaves pour rivales. S'il faut en croire notre poëte , il devoit être un vaillant champion dans les combats de Vénus ; car il se vante d'avoir jadis donné neuf preuves consécutives d'amour dans une nuit passée avec Corinne , et de s'être encore montré depuis peu passablement énergique

> *At nuper bis flava Chlide , ter candida Pitho ,*
> *Ter Libas officio continuata meo.*
> *Exigere a nobis , angusta nocte , Corinnam*
> *Me memini numeros sustinuisse novem.*

(A m. lib. 3. Elég. 7.)

L'opinion vulgaire est que Corinne étoit Julie , fille d'Auguste , célèbre par ses attraits et ses galanteries. Nous sommes de l'avis de plusieurs critiques , qui ont réfuté cette conjecture. Mais nous ne pouvons disconvenir qu'elle devoit être très-aimable, spirituelle, voluptueuse, avoir en un mot en partage toutes les qualités qui rendent une maîtresse adorable. Son nom doit passer à la postérité la plus reculée , avec ceux de Lesbie , de Cinthie , de Glycère et de Lalagé , et nous la donnons pour modèle aux femmes galantes qui ambitionnent la même renommée.

Ovide nous a conservé, dans la cinquième Élégie du premier livre des Amours , la mémoire d'une bonne fortune qu'il eut avec elle. Nous allons donner une traduction libre de cette Élégie ; et c'est peut-être cette scène amoureuse que Carrache a représentée.

(63)

Dans les chaleurs d'un jour d'été,
Sur un lit de repos nonchalament jeté,
Je savourois la jouissance
D'une douce tranquillité.
De mon réduit, le calme, le silence,
Et le soleil intercepté,
Me figuroient cette sombre lumière
Qui règne en l'épaisseur d'une vaste forêt;
Ou bien cette clarté légère
Qui précède Phébus entrant dans sa carrière,
Ou qui le suit alors qu'il disparoît.
Ce demi-jour est nécessaire
Pour nous dérober la rougeur
Qui colore à regret la timide pudeur.
Dans ma retraite solitaire,
Je rêvois, ne pensant à rien
Qu'à gouter le souverain bien,
Et le charme de ne rien faire.
Corinne arrive en ce moment,
Sa jeunesse étoit sa parure,
Et sa beauté son ornement;
Les boucles de sa chevelure
Sur son cou descendoient en replis inégaux;
Un voile et de légers rézeaux
Composoient toute sa coiffure.
Une simple tunique et de tendre couleur
Qu'assujettissoit sa ceinture,
D'une taille élégante et pure
Dessinoit mollement le contour enchanteur.
Telle on vit autrefois une reine fameuse,
Au lit d'amour venir sans appareil;
Et Laïs, en un cas pareil,
Aller trouver l'amant qui la rendoit heureuse.

Je vole au-devant de ses pas,
Sitôt que j'aperçois Corinne.
Elle sourit ; je la devine ;
Mon œil impatient parcourt tous ses appas.
Une facile résistance
Guide ma main qu'elle veut retenir,
Et l'involontaire défense
Dispute la victoire et m'aide à l'obtenir.
Le ruban se détache et la robe s'entrouvre ;
Dieux ! que de charmes je découvre !
Une gorge naissante et dont la fermeté,
De sa prison repoussoit la barrière,
Semble inviter une main téméraire
A jouir de sa liberté.
Plus bas, une peau blanche et fine,
Rivalisant l'albâtre et le satin,
Sur son corps arrondi, s'étend et se termine
Au sanctuaire clandestin
Où l'amour a placé son trône.
Tant d'attraits réunis électrisent mes sens ;
Je cède à leurs charmes puissans,
Et ma Corinne s'abandonne ;
Elle se livre à mes vœux empressés,
Et répond par mille tendresses
A mes baisers brûlans, à mes vives caresses ;
Nos deux corps à l'envi se pressent enlacés.

Que dirai-je de plus ; au sortir de l'ivresse,
Un doux repos succédant aux désirs,
De nos sens épuisés répara la foiblesse,
Et vint nous préparer à de nouveaux plaisirs.

(C. M.)

N°. XVII.

ENÉE ET DIDON

ÉNÉE et DIDON.

ÉNÉE, après la prise de Troye, ayant rassemblé sur ses vaisseaux un certain nombre de malheureux compatriotes échappés à la mort, alloit chercher en Italie la nouvelle patrie que lui avoient promis les dieux, lorsqu'il fut assailli d'une violente tempête qui le fit aborder sur le rivage de la Lybie et au port de Carthage, ville que Didon y faisoit construire. Cette reine, qui avoit fui les poursuites et les cruautés de Pygmalion, roi de Tyr, et son beau-frère, accompagnée de quelques sujets fidèles, étoit venue sur ces bords lointains établir un nouveau royaume, et dans le repos d'une paisible possession, cherchoit à oublier la mort de son mari Sichée, et les malheurs qui en avoient été la suite. Elle accueillit favorablement Énée et les Troyens, et leur fit donner tous les secours qu'exigeoit l'hospitalité ; mais la vue du fils d'Anchise lui inspira bientôt des sentimens plus affectueux. L'amour ne tarda pas à remplacer dans son cœur l'intérêt et la pitié, et il ne lui fut plus possible de dissimuler ni de contenir la passion violente qu'elle avoit pour lui.

Uritur infelix Dido totáque vagatur
Urbe furens ; qualis conjectá cerva sagittá ;
Quam procul incautam nemora inter Cressia fixit
Pastor agens telis. Liquitque volatile ferrum.

Nescius ; illa fugâ silvas , saltusque peragrat
Dictæos; hæret lateri lethalis arundo.
Nunc media Ænean secum per mœnia ducit ;
Sidoniasque ostentat opes , urbemque paratam :
Incipit effari , mediaque in voce resistit.
Nunc eadem labente die convivia quærit ,
Iliacosque iterum demens audire labores
Exposcit , pendetque iterum narrantis ab ore.
Post , ubi digressi , lumenque obscura vicissim
Luna premit , suadentque cadentia sidera somnos ,
Sola domo mœret vacuâ , stratisque relictis
Incubat : illum absens absentem auditque viditque.
Aut gremio Ascanium , genitoris imagine capta ,
Detinet ; infandum si fallere possit amorem.

(V I R G I L. Énéid. lib. 4.)

Un jour qu'ils étoient ensemble à la chasse , un orage
subit dispersa tous leurs compagnons , et les séparant
de leur suite, les obligea de chercher un abri dans une
grotte voisine. Ils y entrèrent seuls, et s'assirent sur un
banc de gazon que l'amour paroissoit avoir disposé pour
les recevoir. Didon , le bras mollement appuyé sur
l'épaule d'Énée, le regardoit d'un œil tendre , qui décé-
loit ses désirs et son espoir. Le tems , le lieu, tout
favorisoit une entreprise amoureuse ; mais soit par foiblesse , impuissance , calcul, soit par tout autre motif
que l'on ne sauroit excuser , Énée conserva son sang
froid , et caressant Didon d'une main obligeante et libertine, se contenta de lui procurer un plaisir qu'il ne
put ou ne voulut pas partager.

C'est dans cette attitude d'abandon d'une part, et de

tranquillité de l'autre, que Carrache a représenté Énée et Didon dans la grotte ; et quoiqu'il paroisse avoir contredit l'opinion commune sur les amours de ces deux personnages célèbres, en réfléchissant sur les reproches que la reine fit au héros , lorsqu'il se disposoit à la quitter , on jugera de la justesse de la conjecture de notre artiste.

Saltem si qua mihi de te suscepta fuisset
Ante fugam soboles , si quis mihi parvulus aula
Luderet AEneas qui te tantum ore referret
Non equidem omninò capta aut deserta viderer.

Il paroît que Didon auroit désiré avoir un enfant d'Énée ; mais de la manière dont il s'étoit comporté dans le tête-à-tête , elle devoit être bien sûre de n'en pas faire , et c'étoit là son grand regret. On ne conçoit pas, après une pareille marque d'indifférence, comment Didon put être assez extravagante pour se donner la mort au départ d'Énée, et l'on seroit tenté de croire qu'il y eut plus d'amour-propre que d'amour dans sa fatale résolution. Quelle pouvoit donc être la raison de l'insultant procédé du héros troyen envers la reine de Carthage?

Ne l'avoit-il assez en ses vœux désirée ?
N'étoit-elle assez belle ou bien assez parée ?
Etoit-elle à ses yeux sans grâce , sans appas ?
Son sang étoit-il point issu d'un sang trop bas ?
Sa race , sa maison n'étoit-elle estimée ?
Ne valoit-elle pas la peine d'être aimée ?
Inhabile au plaisir , n'avoit-elle de quoi ?

. . . .

(68)

Au surplus , à sa honte , amour , que te dirai-je ?
Elle mit à son col ses bras plus blancs que neige ,
Et la langue son cœur par la bouche embrâsa ;
Bref, tout ce qu'ose amour , cette reine l'osa ,
Lui suggérant la manne en sa lèvre amassée.
Sa cuisse se tenoit en la sienne enlassée ;
Les yeux lui pétilloient d'un désir langoureux ,
Et son ame exhaloit maint soupirs amoureux.
Sa langue , en bégayant d'une façon mignarde ,
Lui disoit : Mais , mon cœur , qu'est-ce qui vous retarde ?
N'aurois-je point en moi quelque chose qui pût
Offenser vos désirs , ou bien qui vous déplût.
Ma grâce , ma façon , ah ! Dieux ! ne vous plaît-elle ?
Que n'ai-je assez d'amour , ou ne suis-je assez belle !
Cependant , de la main animant ses discours ,
Il trompoit froidement sa flamme et ses amours.

(R EGNIER.)

Après des avances si marquées , et si peu de motifs
d'y demeurer insensible , on ne peut s'empêcher de s'é-
crier : Ah ! pieux Énée ; ah ! pauvre homme ! — Il dut
se repentir de ce procédé par la suite , et reconnoitre
la gravité de ses torts , lorsqu'étant descendu aux enfers,
et rencontrant cette amante infortunée dans les environs
des Champs Elysées , il voulut lui adresser la parole , et
lui présenter ses hommages et ses excuses. Didon ne
daigna pas jeter les yeux sur lui , et pour toute réponse
lui tourna le dos. Ce qui prouve qu'il est des affronts
si sensibles pour une femme , qu'elle n'en perd jamais
la mémoire , et qu'elle en conserve le ressentiment jusques dans l'autre monde.　(Avis au lecteur.)

N°. XVIII.

ALCIBIADE ET GLYCÈRE

ALCIBIADE et GLYCERE.

De tous les hommes illustres dont Plutarque nous a transmis l'histoire, Alcibiade est sans doute le plus extraordinaire. Homme d'Etat, habile général sur mer et sur terre, orateur, philosophe, il fut tout ce qu'il voulut être. Extrême dans ses talens, dans ses vertus, dans ses vices, par-tout où la fortune le plaça dans sa vie, il sut toujours se mettre au-dessus des événemens et se montrer grand homme. Athénée nous a conservé le portrait que Satyrus a fait de ce célèbre Athénien. Alcibiade dit-il, étoit en Ionie plus voluptueux que les Ioniens, plus Béotien à Thèbes que les Thébains même, lorsqu'il s'occupoit des excercices du corps et de la gymnatisque. En Thessalie, il manioit mieux un cheval et un char que les Alevades. A Sparte, il étoit plus patient, plus réservé que les Lacédémoniens. Chez les Thraces, il buvoit plus qu'eux. Voulant éprouver la femme d'Agis, il lui envoya un présent de mille dariques (25000 liv. tournois), comme à une courtisane. Il avoit la plus belle figure qu'on pût voir, et il porta ses cheveux pendant une grande partie de sa jeunesse. Sa chaussure étoit différente de toutes les autres, et c'est par son nom qu'on l'a désignée après lui. S'il donnoit des spectacles à ses frais, il ne paroissoit sur le théâtre, vêtu de pourpre, que pour ravir d'admiration tant les hommes que les femmes..... Il voulut aussi briller dans son armure ; c'est pourquoi il avoit un bouclier fait d'or et d'ivoire, au milieu duquel on voyoit pour armoirie l'amour tenant la foudre dans ses bras.

Alcibiade et Axiochus étant partis par mer pour l'Hellespont, se rendirent à Abydos, où ils prirent pour femme commune Xinocipe, fille de Medontis. Ils en eurent une fille, mais sans pouvoir assurer qui des deux en étoit le père. Dès qu'elle fut nubile, ils en usèrent l'un et l'autre comme de sa mère. Lorsqu'Alcibiade s'en servoit, il la disoit fille d'Axiochus, et si celui-ci couchoit avec elle, il la disoit fille d'Alcibiade.

D'après tous ces détails, on ne doit pas s'étonner que ce héros fût chéri et recherché des femmes. Il eut à Athènes toutes celles qu'il voulut ; mais dans le nombre, il préféra toujours Glycère, jeune et gentille bouquetière, chez laquelle il trouva sans doute les qualités qui rendent la jouissance plus vive et la volupté plus attrayante. elle n'étoit pas d'une condition bien relevée, mais

Les charmes, la tendresse
Sont-ils les dons de la seule richesse?
Il est heureux par fois de déroger;
Plus d'un héros est devenu berger,
Et plus d'un duc en conte à sa servante.

Alcibiade avoit épousé Hiparette. Cette dame, honnête et fidèle à son mari, ne voyoit pas avec plaisir le tort qu'il lui faisoit, en entretenant plusieurs femmes de la ville et même des étrangères. Elle voulut se séparer, et s'étant rendue chez le magistrat pour y porter sa demande en divorce, Alcibiade s'y trouva aussi. Mais au lieu de répondre, il la saisit au corps, et l'emporta à travers la place, jusques en sa maison, sans que personne osât se hasarder de l'en empêcher ou de la lui ôter. Il employa sans doute alors auprès d'elle le moyen le plus efficace pour obtenir son pardon, et il réussit.

> *Oscula da flenti ; Veneris da gaudia flenti ;*
> * Pax erit. Hoc uno solvitur ira modo.*
> *Cum bene sævierit, cum certa videbitur hostis ;*
> * Tum pete concubitûs fœdera : mitis erit.*
> *Illic, depositis habitat Concordia telis*
> * Illo ; crede mihi, Gratia nata loco est.*
> *Quæ modò pugnarunt, jungunt sua rostra columbæ ;*
> * Quarum blanditias verbaque murmur habet.*
>
> (OVIDE. Art. Am. lib. 2.)

Etant à Sparte, il séduisit Timée, femme du roi Agis, et il lui fit un enfant, que la reine se faisoit un plaisir d'appeler Alcibiade, quoiqu'il se nommât Leotichides. Malgré l'amour excessif que lui témoignoit Timée, Alcibiade pensoit toujours à Athènes, et sur-tout à sa chère Glycère, à qui il écrivoit :

> Je fus heureux, j'étois digne de l'être ;
> Je t'adorois, je t'aimois, je brûlois ;
> Sur ton beau sein, je mourois pour renaître,
> Et pour mourir, toujours je renaissois :
> Bien différente en ceci d'une reine
> Qui veut toujours qu'on fasse tous les frais,
> Pour le plaisir tu partageois la peine,
> Et par la peine au plaisir tu gagnois.

Dieux , quels momens ! je vois ta belle bouche ,
Belle toujours , sur-tout quand on y touche ;
Je vois tes yeux embellis par ces pleurs
Que le plaisir , tu le sais , fait répandre ,
Nuages doux , amoureuses vapeurs ,
Dans tes beaux yeux mêlés d'un feu si tendre ;
J'entends encor tes soupirs enchanteurs ,
Et ces baisers que mes lèvres errantes ,
Venoient chercher sur tes lèvres brûlantes ,
Où le plaisir confondoit nos deux cœurs.
Ces demi-mots du désir qui s'éveille ,
Ces sons touchans , soudain interrompus ,
Plus éloquens , pour être suspendus ,
Viennent toujours caresser mon oreille.

C'est bien là le style d'un aimable voluptueux , nous dirons même de l'amant le plus tendre. Mais comme il faut que le bout d'oreille s'échappe toujours , il finit sa lettre par un conseil de roué, dont il paroît que Glycère n'avoit pas besoin.

Vole par jour vingt mille libertés ;
Fais-moi par jour vingt infidélités ,
Cent , si tu peux ; vas , je te le pardonne :
Dupe les vieux et ruine les sots ;
Conserve bien ta fripone de mine ;
Garde-toi bien de perdre tes défauts ;
Sois toujours belle , et sur-tout bien coquine.

(DE PEZAY.)

N°. XIX.

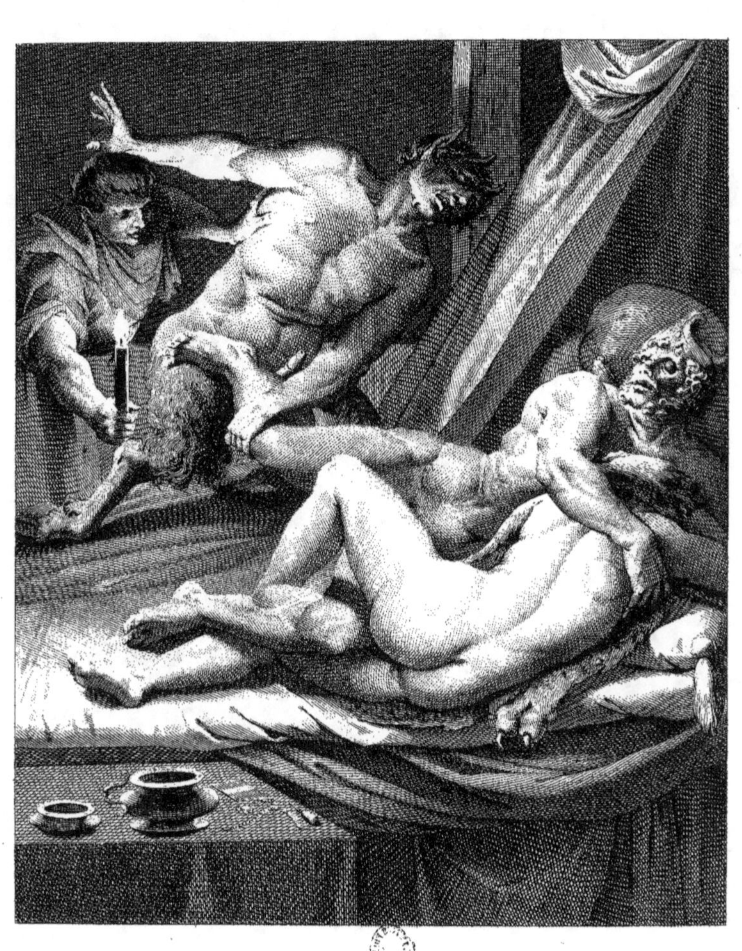

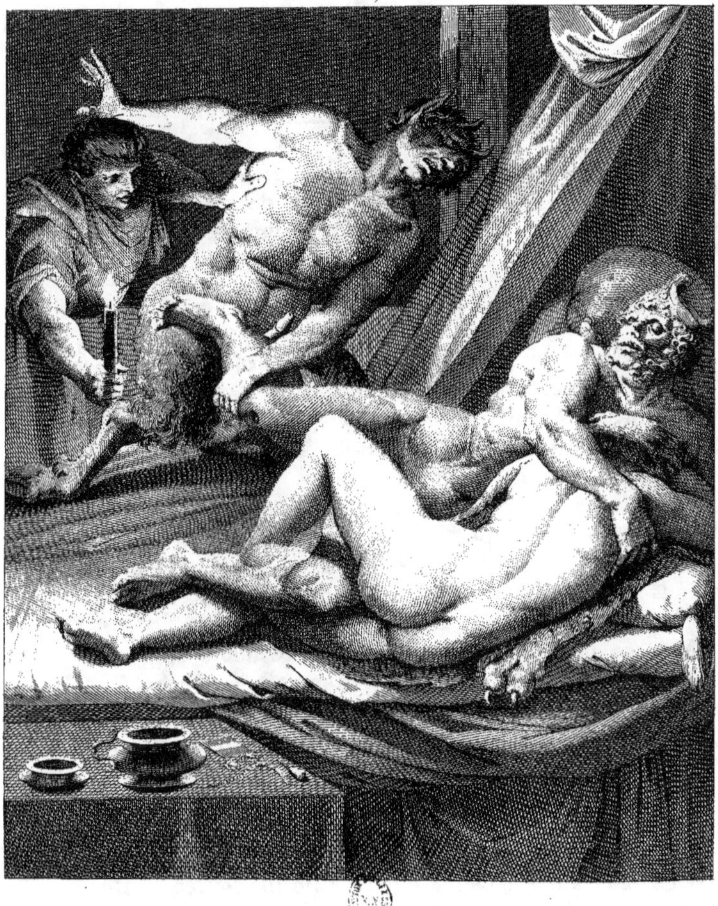

PANDORE

PANDORE.

Lorsque l'industrieux et rusé Prométhée eut dérobé le feu du ciel, pour animer la statue de marbre qu'il avoit faite, il fut si content de son ouvrage, qu'il se résolut à l'épouser. Mais

Essendo egli il prim'uom che fù marito,
Fù il primo dalla moglie a esser tradito.

Dès ce moment, il ne fut question dans le ciel que de la nouvelle créature. Sa beauté séduisit les dieux, qui voulurent tous jouir de ses charmes, et les déesses, qui en conçurent toutes de la jalousie, cherchèrent vainement à s'y opposer.

Jupiter fut le premier qui tenta l'aventure, et qui descendit de l'Olympe la première fois, pour s'unir à une mortelle. Sa souveraine puissance lui donnoit de grands moyens. Il est inutile de dire qu'il lui fut bien facile de réussir auprès de Pandore.

Mars se présenta le second. Sa figure noble et guerrière ; le brillant de ses armes, l'aigrette de son casque qui couronnoit avec majesté son visage au regard fier, la vigueur répandue sur toute sa personne ; peut-être le changement, tout en lui plut à la dame ; il obtint la victoire.

Après le dieu de la guerre, Neptune vint s'offrir. Il étoit frère de Jupiter, partageant avec lui l'empire du monde. La vanité décida Pandore. Elle fut flattée d'être la maîtresse de sa majesté marine.

Phœbus, le dieu de la lumière, témoin de ces amours, se mit aussi sur les rangs. Sa blonde chevelure, son teint animé, sa noble stature et son regard perçant firent effet sur le cœur de la belle ; il fut bientôt son amant chéri.

Mercure parut ensuite. Il employa toute son éloquence pour la séduire. L'art de louer commença l'art de plaire, et l'oreille est le chemin du cœur : Pandore ne put résister à ses discours amoureux et tendres ; il lui fallut céder à la persuasion.

Le mari laid et boiteux de la divine Cythérée quitta, pour un moment, sa forge et ses marteaux, et se hasarda, malgré sa difformité, à faire sa déclaration. Au prime-abord, on se moqua de lui ; il revint à la charge, et il obtint, par importunité, ce que les autres dieux devoient à leur mérite.

La gaieté folle et les plaisanteries de Momus divertirent Pandore. Le dieu la fit rire par ses saillies et ses discours enjoués ; elle le trouva charmant, et voulut l'avoir pour s'amuser.

Enfin, tous les dieux, grands ou petits, s'empressèrent de faire la cour à l'épouse de Prométhée ; ils employèrent auprès d'elle talens, moyens et puissance. Nul d'eux n'éprouva le désagrément d'un refus. Il n'y eut pas jusqu'au Satyre qui ne portât ses vues sur cette complaisante mortelle, et qui ne se crût en droit de la posséder, puisqu'elle avoit accepté Vulcain, qu'il trouva un jour couché avec elle.

L'habitude d'être courtisée, et l'amour-propre flatté des hommages continuels, inspirèrent la coquetterie à Pandore.

Ed ella nel vedersi dalla schiera
Degli immortali numi attorniata,
A poco a poco interamente si era
Dell'origine sua dimenticata ;
E di se stessa unicamente altera ,
Dispensava a chi un detto , a chi un'occhiata.
Tutti alletava , e a chi la man stringea ,
E a chi furtivamente il piè premea.

Opportuno chiamava in un momento
Quando il rossor , quando il palor sul viso ;
E sempre pronto aveva a suo talento
Sù gli occhi il pianto e sù le labbra il riso.
Il deliquio , il tremor , lo svenimento
A tempo comparir facea improviso ;
Or lieta , or mesta , or tacita , or loquace ;
Or fingea sdegno , or ritornava in pace.

(L'ABBATE C...)

C'est de Pandore que les femmes ont appris ce manége séducteur qui fait tourner la tête aux hommes, et qui rend ceux-ci les très-humbles esclaves de leurs caprices et de leurs fantaisies. Mais , tout en pensant à ses plaisirs , elle n'oublia pas ses intérêts , et c'est encore un usage qu'elle a transmis à sa postérité. Elle exigea des dons et des présens de la part de chaque dieu. C'est de là que lui vint le nom de Pandore , de deux mots grecs, *Pan*, tout : et *Dore*, don.

Cependant Prométhée ne voyoit pas de bon œil les fredaines de sa femme, et l'injure répétée qu'elle faisoit à son front. Il se contraignit quelque temps , souffrit, endura, mais enfin sa patience fut à bout. Il fit des reproches ; elle voulut répondre ; il répliqua ; elle perdit le respect : on se fàcha de part et d'autre ; elle en vint aux injures , et le mari se permit les coups. Grand vacarme. La dame instruisit ses amans des violens procédés de Prométhée , et les dieux , indignés d'une pareille conduite , s'en plaignirent à Jupiter : elle-même demanda la punition d'un époux insupportable et brutal. On pense bien qu'elle dût gagner son procès avec de pareils juges. Mais pour déguiser la véritable cause du châtiment, on accusa Prométhée d'avoir enlevé le feu du ciel, et pour punir ce crime , il fut condamné à être attaché sur un rocher du mont Caucase , où un vautour lui rongeoit sans cesse le foie : supplice bien cruel, mais digne de la vengeance des dieux et d'une femme outragée.

Ainsi Pandore occupa ses beaux ans ;
Puis s'ennuya , sans en savoir la cause.
Quand une femme aima dans son printemps ,
Elle ne put jamais faire autre chose ;
Mais, pour les dieux , ils n'aiment pas long-temps :
Elle avoit eu pour eux des complaisances,
Ils la quittoient. Elle vit dans les champs
Un gros Satyre , et lui fit des avances.

Nous sommes nés tous de ces passe-temps ;
C'est des humains l'origine première.
Voilà pourquoi nos esprits , nos talens ,
Nos passions, nos emplois , tout diffère.
L'un eut Vulcain , l'autre Mars pour son père ;
L'autre un Satyre ; et bien peu d'entre nous
Sont descendus du dieu de la lumière.
De nos parens nous tenons tous nos goûts ;
Mais le métier de la belle Pandore ,
Quoique peu rare , est encor le plus doux ;
Et c'est celui que tout Paris honore.

(VOLTAIRE.)

N°. XX.

LE SATYRE SAILLISSANT.

LE SATYRE SAILLISSANT.

Ce charme inexprimable, cette puissance irrésistible qui porte tous les êtres à se reproduire, est une des plus grandes merveilles de la nature ; depuis l'insecte imperceptible jusqu'à l'homme, le plus parfait des êtres créés, il n'est aucun individu mâle qui ne cherche à s'unir à sa femelle, et à perpétuer son espèce au milieu des voluptés qu'ils éprouvent tous les deux, dans ces momens les plus doux de leur vie.

> L'amour, par des routes certaines,
> Pénètre dans tous les ressorts,
> Circule dans toutes les veines,
> Donne la vie à tous les corps.
> Il fend les airs, nage dans l'onde ;
> Et la terre qu'il rend féconde,
> Dans ses bras aime à respirer.
> Ce dieu charmant enseigne au monde
> Le secret de se réparer.
>
> (BERNIS.)

Mais la nature, quelquefois prodigue de ses dons, en est plus souvent avare. Elle n'a pas donné à tous les animaux la faculté de se reproduire en tout temps. La plupart n'a qu'un âge et qu'une saison pour se livrer à ses amours.

> Il est vrai que leur flamme alors favorisée ;
> N'excite point en eux d'inutiles désirs ;
> Ils n'éprouvent jamais, dans de si doux plaisirs ;

La triste économie aux mortels imposée.
Mais ce printemps si cher, passe rapidement,
Et dans ces mêmes lieux témoins de leur ivresse,
On les voit, ces oiseaux, séparés sans tristesse
Ou rejoints sans empressement.

L'homme au contraire plus favorisé de la nature par la perfection de ses organes, peut à son gré prolonger ses jouissances, et goûter par ses facultés intellectuelles, des sensations que ses forces physiques lui refusent quelquefois, quand il ne sait pas modérer ses désirs. Il est celui de tous les êtres à qui la réussite de la génération exige le plus de rapports dans l'accouplement ; et soit qu'il se livre trop souvent, ou avec trop d'ardeur aux charmes de la jouissance, soit que sa passion ne soit pas également et au même point partagée, le couple humain est fréquemment sans progéniture. Les anatomistes et les médecins ont cherché à deviner les causes de cette stérilité et les moyens de la prévenir ou de la corriger ; mais ils n'ont donné la plupart, que des conseils vagues qui ne peuvent s'appliquer à tous les individus, puisque tous les individus varient dans leur complexion et leur tempérament. Ces docteurs paroissent néanmoins assez d'accord sur un point. C'est que l'attitude la plus propre à la génération est celle que le Satyre a prise dans cette estampe, et qui est indiquée par les anciens :

> Et quibus ipsa modis tractetur blanda voluptas,
> Id quoque permagni refert ; nam more ferarum
> Quadrupedum que magis ritu, plerumque putantur
> Concipere uxores, quia sic loca sumere possunt
> Pectoribus positis, sublatis semina lumbis. (LUCRÈCE.)

Il faut avouer que cette posture est susceptible de quelque inconvénient qui répugne aux ames timorées ; mais on peut lever leurs scrupules, en leur citant l'autorité du R. P. Sanchez, théologien, et casuiste très-versé dans cette matière. Il nous assure qu'il est permis d'en user en tout bien et tout honneur. *Licet ludere inter clunes dum modó fiat ejaculatio in vas naturale.* Après une telle décision, on peut agir en toute sûreté de conscience.

A l'égard des gens instruits et qui ont adopté la maxime antique : *Toute femme est femme par-tout*, ils conviendront avec nous, que la bienfaisante nature nous ayant donné les moyens de varier, multiplier et graduer nos jouissances, c'est lui faire affront que de ne pas les employer tous, quand ils sont en notre pouvoir. L'homme sensible et raisonnable doit d'ailleurs penser qu'il est de son devoir de procurer à la digne compagne de son existence, autant de plaisirs que la volupté lui en suggère. Ces moyens seront autant de nœuds pour se l'attacher avec plus de force et d'agrémens. Nous sommes persuadés que les femmes amoureuses nous sauront gré de la leçon que nous faisons aux hommes ; mais aussi les engageons-nous à se prêter aux petites fantaisies de leurs amans, et même de leurs maris. Elles tourneront certainement à leur profit. Nous savons qu'il est des femmes revêches, bégueules ou mal avisées, qui se refusent à toute complaisance, et ne veulent jamais sortir de leur routine monotone et fastidieuse. Ces prudes matrônes sont les jansénistes de l'amour ; ce seroit perdre le temps que de chercher à les convertir. Nous les plaignons de leur apathie, et les abandonnons à leur malheureux sort ;

elles ne méritent pas de connoître les délices d'une volupté variée ; mais elles doivent s'attendre à être tôt ou tard délaissées, et à recevoir le juste reproche que Martial adressoit à sa femme :

Uxor vade foras, aut moribus utere nostris.
   Non ego sum Curius, non Numa, non Tatius.
Me jucunda juvant tractæ per pocula noctes :
   Tu properas potâ surgere tristis aquâ.
Tu tenebris gaudes; me ludere testâ lucernâ,
   Et juvat admissa rumpere luce latus.
Fascia, te, tunicæque, obscuraque pallia celant;
   At mihi nulla satis nuda puella jacet.
Basia me capiunt blandas imitata columbas :
   Tu mihi das, aviæ qualia mane soles.
Nec motu dignaris opus, nec voce juvare,
   Nec digitis ; tanquam thura merumque pares.
Masturbabantur Phrigii post otia servi,
   Hectoreo quoties sederat uxor equo.
Et quamvis Ithaco stertente, pudica solebat
   Illic Penelope semper habere manum.
Pædicare negas ; dabat hoc Cornelia Graccho ;
   Julia Pompeïo ; Porcia, Brute, tibi.
Dulcia Dardanio nondum miscente ministro
   Pocula, Juno fuit pro Ganimede, Jovi.
Si te delectat gravitas, Lucretia toto
   Sis licet usque die : Laïda nocte volo.

(Lib. XI. Epigr. 105.)